LIVRE PARA *Voar*

FÁBIO TERUEL
LIVRE PARA Voar
SEXTANTE

edição: Alessandra J. Gelman Ruiz
preparo de originais: Alice Dias
revisão: Ana Grillo e Hermínia Totti
diagramação: Valéria Teixeira
capa: Raul Fernandes
foto de capa: Vanderlei Loturco
impressão e acabamento: Associação Religiosa Imprensa da Fé

CIP-BRASIL. CATALOGAÇÃO NA PUBLICAÇÃO
SINDICATO NACIONAL DOS EDITORES DE LIVROS, RJ

T318L Teruel, Fábio

Livre para voar/ Fábio Teruel. Rio de Janeiro: Sextante, 2018.
144 p.; 14 x 21cm.

ISBN: 978-85-431-0650-2

1. Espiritualidade. 2. Desenvolvimento pessoal. 3. Autoconhecimento. I. Título.

CDD 248.4
18-50877 CDU 27-584

GMT Editores Ltda.
Rua Voluntários da Pátria, 45 – Gr. 1.404 – Botafogo
22270-000 – Rio de Janeiro – RJ
Tel.: (21) 2538-4100 – Fax: (21) 2286-9244
E-mail: atendimento@sextante.com.br
www.sextante.com.br

As coisas que o olho não viu,
e o ouvido não ouviu,
e não subiram ao coração do homem,
são as que Deus preparou para aqueles que o amam.

1 Coríntios 2:9

Sumário

Introdução

EM BUSCA DO SEU PROPÓSITO

Depois de mais um dia corrido, você chega em casa exausto e se joga no sofá para descansar. Mas, em vez de ter a sensação de missão cumprida, sente uma angústia no peito, um vazio esquisito dentro de si. Você estranha, mas acha que é algo passageiro. No entanto, aquilo começa a se repetir dia após dia, e chega um ponto em que aquela inquietude já faz parte de você. Ela já não o incomoda apenas à noite: agora o persegue 24 horas por dia.

Uma pergunta então ecoa em sua mente: "Por que estou me sentindo assim? Está tudo bem comigo, não há nada de errado na minha vida, tenho minha família, meus amigos, meu emprego... Por que vivo com esse incômodo dentro de mim?

Foi exatamente para responder a essas perguntas que este livro chegou às suas mãos. Você não está lendo estas páginas por acaso. Não buscou minhas palavras por mera curiosidade ou por causa da indicação de algum amigo. O que trouxe você até aqui foram suas perguntas sem resposta, seu coração procurando portas, sua mente desejando entendimento, seu espírito ansiando por algum conforto. Sinto que também fui guiado até você para, de alguma forma, ajudá-lo a sair da situação em que se encontra.

Sei que você está sentindo uma angústia profunda e insuportável, uma vontade de correr até não aguentar mais, de fugir para nunca mais ser encontrado, de gritar até sua voz falhar, de dormir e nunca mais acordar.

Mas preciso lhe dizer uma coisa: apesar de desagradável, isso é bom. Sabe por quê? Porque vem para ajudar. Algo semelhante acontece com a águia, animal que, no cristianismo, simboliza o poder e a inspiração das palavras de Deus. Muito ágil e habilidosa, a "rainha das aves" voa em linha reta, orientada pelo sol. Seu sistema de orientação faz com que ela sinta um incômodo nos olhos toda vez que sai da rota. Esse desconforto é um sinal de que ela precisa voltar para o seu caminho.

Será que não é isso que está acontecendo com você? Talvez esse incômodo esteja sinalizando que você tem trilhado um caminho diferente daquele para o qual foi chamado. Em alguma curva da estrada, você deve ter se desviado da rota e abandonando seu verdadeiro propósito de vida.

O que aconteceu para que você parasse de seguir sua bússola interna? Uma decepção? Uma perda? Quem sabe uma injustiça? Será que faltou um pouco de força de vontade para permanecer no rumo certo? Ou será que você acabou pegando um atalho porque parecia mais fácil? Ou então não conseguiu resistir à pressão e planejou sua vida com base nas expectativas de outra pessoa?

Na verdade, não importa qual foi o motivo. A sua insatisfação continuará a existir até que você volte a trilhar o caminho que lhe foi destinado. E que caminho é esse? É o propósito de Deus para a sua vida. Se você não sabe qual é, precisa descobrir. Esse propósito está além de uma profissão. Está na missão que Deus quer que você cumpra. Na tarefa que Ele quer que você execute. Quando você entender isso, saberá que há uma razão para estar aqui.

Para encontrar seu propósito, você precisa parar de seguir o grito que vem dos outros e começar a ouvir o sussurro de Deus em seu coração. Ao ouvir a voz do Criador dentro de si, a neblina da dúvida irá se dissipar e você conseguirá enxergar com clareza qual é a sua missão.

Para encontrar seu propósito, você precisa parar de seguir o grito que vem dos outros e começar a ouvir o sussurro de Deus em seu coração.

Certa vez vi um sujeito abordar um pastor com a seguinte pergunta: "Como Deus pode ver tanta coisa errada no mundo e não fazer nada?" O pastor respondeu: "Mas Ele fez, sim. Enviou você."

Meu irmão, minha irmã, por favor, preste atenção: não podemos passar por este mundo acreditando que o objetivo de estarmos aqui é acumular bens materiais. Não podemos encarar a vida como uma simples jornada para o túmulo, nos esforçando apenas para chegar à reta final em segurança. Não! A vida é mais que isso! Precisamos estar dispostos a ir além.

Há uma semente de grandeza em seu interior querendo brotar, florescer, dar frutos. É essa força interna que faz com que você se sinta inquieto, incomodado, precisando crescer. Portanto, abra a porta do seu coração e deixe o sol entrar. Deixe seu propósito desabrochar.

Ao longo dos últimos anos, tenho me dedicado a encorajar as pessoas a não se contentarem com nada menos do que aquilo que Deus planejou para elas. E em relação a você, não tenho dúvida de que seus dias também serão mais cheios de paixão, motivação e significado quando conseguir identificar seu verdadeiro propósito.

A partir de agora, quero ser seu companheiro diário. Vamos juntos entrar nos cantos mais escuros e secretos da sua mente e descobrir o que está impedindo você de ouvir o seu chamado e saber qual o objetivo do Criador para sua vida.

Minha intenção aqui não é apenas fazer você entender que já possui tudo de que precisa para ser feliz, mas também ajudá-lo a liberar todos os dons que estão escondidos no seu interior. Dessa maneira, você não só terá fé suficiente para retomar seu verdadeiro caminho, como será capaz de se tornar luz para iluminar a jornada daqueles que já não conseguem enxergar caminho algum.

Estou realmente animado com as mudanças positivas que lhe acontecerão de hoje em diante. Se você pensa que seus melhores dias ficaram para trás, vai se surpreender ao descobrir que seu futuro pode ser ainda mais gratificante que seu passado. Se abrir seu coração e mantiver seu espírito receptivo, ganhará uma nova visão do mundo e uma nova percepção da vida.

Você é livre para voar. Então prepare-se para ir mais longe do que sempre sonhou!

1

REDESCUBRA SEUS DONS

Identifique seus talentos e abra-se para novas possibilidades

Enquanto está rastejando pelo chão, uma lagarta não imagina que um dia estará voando pelo céu como uma linda borboleta. Mas a lagarta não vira borboleta de uma hora para outra: pelo contrário, ela passa por uma mudança lenta e gradual até se transformar naquilo que nasceu para ser. Observando esse processo, podemos aprender algumas coisas interessantes.

Primeiro, a lagarta se arrasta até encontrar um lugar em que possa subir e se proteger do vento e da chuva. A partir daí, seu organismo começa a liberar uma substância com a qual ela se envolve até formar um casulo. E é nesse local escuro e apertado que um verdadeiro milagre ocorre e a transformação acontece. O casulo vai se partindo aos poucos, e aquele inseto que chegou se arrastando abre as asas e parte para seu primeiro voo.

A transformação que a lagarta sofre não é apenas externa, mas também interna. É claro que você já viu borboletas voando por aí, mas aposto que nunca viu nenhuma rastejando. Isso acontece porque a borboleta instintivamente "sabe" que deve voar. Imagine que trágico seria se, ao sair do casulo, ela percebesse que seu corpo mudou, que agora possui asas, mas não tivesse a mínima ideia do que fazer com elas. Muito provavelmente, a borboleta começaria a rastejar e voltaria a viver como uma lagarta.

Ao ler isso, você pode argumentar: "Ora, Fábio, isso nunca aconteceria! Não faz sentido pensar que Deus concederia um dom à borboleta e ela passaria a vida inteira sem reconhecê-lo nem usá-lo!"

Pois é exatamente isso que acontece com muitas pessoas. Elas possuem dons e talentos, foram capacitadas para voar, mas passam a vida rastejando, como borboletas que não têm consciência da sua natureza e pensam que são lagartas.

Então eu lhe pergunto: será que isso não está acontecendo com você? Será que você não está se sentindo vazio porque não tem consciência do potencial que existe em seu interior?

Você nasceu para algo maior

Uma vez ouvi alguém dizer que as terras mais ricas do mundo não são os campos de petróleo da Arábia Saudita nem as minas de ouro da China ou as de diamante da

África do Sul. São os cemitérios. Lá estão os sonhos que não foram realizados, os planos que não saíram do papel, as músicas que não foram gravadas, os livros que não chegaram a ser escritos, as empresas que não foram montadas, as ideias que nunca foram colocadas em prática. Não seja mais um a enriquecer os solos do mundo com o tesouro escondido dentro de si.

Você nasceu para algo maior. Não faz sentido ficar rastejando se Deus o equipou com tudo o que é necessário para voar. Se você não percebe isso é porque criou barreiras mentais que o impedem de se enxergar como realmente é.

Chamo de barreira tudo aquilo que está entre nós e a vida que Deus nos reservou. Esses muros distorcem nossa visão, abalam nossa autoestima e nos impedem de sair de onde estamos para chegar aonde deveríamos estar.

Não há limites para o que Deus pode fazer por nós. Com apenas um toque, Ele pode curar nosso corpo, restaurar nossos relacionamentos, mudar nossa realidade, revolucionar toda a nossa história. Mas, para que isso ocorra, precisamos aprender a derrubar todas as barreiras que nos aprisionam e fazem com que nos sintamos indignos do amor de Deus.

Não seja mais um a enriquecer os solos do mundo com o tesouro escondido dentro de si.

A Bíblia diz que Deus é o oleiro e nós somos o barro. Meu conselho é que você não seja um barro duro e seco, mas maleável e flexível, para que Deus possa moldá-lo e corrigir suas imperfeições.

As mudanças que você tanto quer ver do lado de fora só acontecerão se você primeiro se comprometer a alterar algumas coisas dentro de si mesmo.

Não desista do seu futuro

Neste momento, você pode estar suspirando e pensando: "Ah, meu amigo, este vaso aqui já está cheio de trincas e rachaduras. Carregou peso demais, muito além do que conseguia, e por mais tempo do que podia suportar. Não há mais como recuperá-lo." Por favor, não pense assim. Deus nunca lhe daria um fardo que você não fosse capaz de carregar. Se você está passando por alguma dificuldade é porque Ele tem uma lição para lhe ensinar. Portanto, não é hora de esmorecer. Você pode estar cansado, desanimado, mas continue acreditando que tudo vai melhorar. Não desista do seu futuro!

Gostaria de estar ao seu lado agora para encostar meu coração no seu. Depois de alguns segundos, eles passariam a bater no mesmo ritmo; as batidas do meu fariam o seu desacelerar. Sua respiração ficaria mais tranquila, você se acalmaria e, assim, teria serenidade para entender que já perdeu tempo demais buscando respostas para o que deu errado.

Deus também não teria lhe dado um sonho se não tivesse

capacitado você para realizá-lo. Por isso, pare de ficar achando que é inferior, imperfeito ou incapaz. Você é abençoado, apto, favorecido e tudo pode através de Cristo. Na sua caminhada até aqui, é possível que tenha enfrentado períodos de dúvidas, medo, ansiedade e pessimismo, mas você pode deixar isso para trás. Há oportunidades incríveis no horizonte.

Meu objetivo aqui é ajudar você a reencontrar seus verdadeiros dons, a adotar uma nova postura diante da vida e a abrir-se para grandes possibilidades. Você não é lagarta, é borboleta! O processo de transformação é complexo, mas você é capaz de atravessá-lo porque essa é a sua natureza. Existem sonhos não realizados em seu coração. A intenção de Deus é que você os transforme em realidade. Você tem um propósito a cumprir e uma tarefa a realizar. Então, mãos à obra!

2

VEJA-SE COMO DEUS VÊ VOCÊ

Eleve sua autoestima e lembre que
há sangue real em suas veias

Você provavelmente possui um espelho em casa, e imagino que deva passar um bocado de tempo na frente dele. Pois é, mas me deixe fazer uma revelação: seu espelho é um mentiroso!

Seu espelho não consegue refletir com fidelidade quem você realmente é. Ele mostra apenas a imagem que a luz reflete, mas não tem a capacidade de revelar sua verdadeira beleza, muito menos sua riqueza interior. Enquanto a beleza física é um atributo subjetivo, que depende da percepção de cada um, a verdadeira beleza é aquela que encanta a todos e que se manifesta no seu jeito de ser, de viver, de sorrir, de pensar, de amar, de falar, de crer, de se expressar, de olhar.

Você precisa aprender a se enxergar como você é de verdade, e essa é uma das primeiras transformações que deve fazer. Quando começar a se ver da maneira certa, elevará sua autoestima e ganhará uma nova percepção da vida.

Muitas pessoas vivem inseguras, cheias de questões mal resolvidas, sem aproveitar o que a existência tem de melhor, simplesmente por acreditarem em espelhos mentirosos ou por aceitarem padrões criados por alguém que nem sabem quem é.

Por ver quanta gente sofre ao tentar se adequar a esse modelo, gostaria de lhe pedir uma coisa: pare de ficar querendo ter a aparência de outra pessoa! Você é uma obra-prima de Deus, ninguém tem seu DNA ou suas digitais. Você é único. E é perfeito exatamente do jeito que é.

Portanto, não seja tão cruel consigo mesmo. Recuse qualquer pensamento que desmereça seu corpo ou que insinue que ele não está adequado aos padrões de beleza que a mídia impõe. Caso contrário, quando chegar aos 80 anos, você vai olhar para trás e ver quão tolo foi ao desperdiçar tempo e energia sofrendo e protelando a felicidade por valorizar coisas tão pequenas e irrelevantes.

Escolha sentir-se uma pessoa bonita, atraente, interessante, cativante e com um brilho único. Seu jeito de ser é especial porque é só seu.

A história de Nick

Tempos atrás, li a história de Nick Vujicic, um evangelista que percorre o planeta com suas palestras motivacionais.

Ele sempre traz um sorriso no rosto e os olhos brilhantes, como se estivesse à espera da próxima bênção de Deus para sua vida. É fácil encontrar na internet vídeos em que ele aparece surfando, nadando, andando de skate, discursando para plateias imensas e emocionando as pessoas com suas histórias e lições. O mais incrível é que ele teria motivos de sobra para ser alguém amargo e até revoltado com Deus.

Por causa de uma síndrome rara, Nick nasceu sem os braços e as pernas. Quando chegou a uma determinada idade, percebeu que era diferente dos seus amigos de escola e foi tomado por uma tristeza profunda. Ao contar para seu pai o motivo de estar se sentindo daquele jeito, ouviu-o dizer algo que o fez ver as coisas sob uma nova perspectiva: "Filho, não há nada de errado com você. Deus o fez dessa maneira com um propósito, que é levar ao mundo a mensagem de que, se você foi capaz de superar as dificuldades e ser feliz, qualquer um pode fazer a mesma coisa. Você nasceu para ser um edificador de pessoas!"

O pai de Nick entendia perfeitamente o que estou querendo dizer: o que importa não é a maneira como o mundo nos vê, mas a forma como nós nos vemos. Com aquelas palavras, ele insuflou um novo fôlego nos pulmões do filho e o ajudou a alcançar seu verdadeiro destino.

> O que importa não é a maneira como o mundo nos vê, mas a forma como nós nos vemos.

E você? Vai continuar olhando com uma lupa para coisas que só você repara em seu corpo e que só você acha ruim? Ou, como Nick, vai se concentrar no fato de que Deus o capacitou com tudo de que precisa não apenas para ser feliz, mas também para se tornar uma inspiração para a vida das outras pessoas?

Pessoas bonitas x pessoas normais

É notável como a maioria das pessoas não se dá o merecido valor. A empresa Dove, multinacional de cosméticos, fez uma experiência muito interessante para detectar como as mulheres se viam. Em diversos shoppings de diferentes países, colocou nas portas de entrada dois cartazes. Em uma delas, pendurou os dizeres: "Entrada para pessoas bonitas." Na outra, colocou o cartaz: "Entrada para pessoas normais."

Por onde você acha que a maioria das pessoas entrou? Se pensou que foi pela porta das "pessoas bonitas", errou. Eu também errei. Mas o que essa experiência mostrou foi que a maioria de nós se considera uma pessoa "normal", sem qualquer atrativo, sem diferencial, sem nada de especial.

Será que você também tem se comportado assim? Será que está deixando de se dar o devido valor? Talvez seja por isso que você tem ao seu lado alguém que não valoriza suas qualidades. Talvez seja por isso que trabalha em uma empresa que não reconhece seu talento. Provavelmente, ao longo da vida, você foi se acostumando a se contentar com menos, a aceitar menos, a viver com menos do que o melhor de Deus para você. Então, não surpreende que hoje você esteja se perguntando: "Será que a vida é só isso?"

Não, a vida não é só isso! Você não é só isso! É claro que você nasceu para ir além. O que você precisa é despertar! Você é mais incrível do que pensa, mais inteligente do que acha e mais capaz do que imagina. Conscientize-se disso! Liberte-se dessa baixa autoestima. Livre-se dessa insegurança. Valorize-se! Perceba-se como a pessoa bela e interessante que você é!

Mudando a visão de si mesmo

Na Bíblia, no Gênesis, Deus fez a Abraão e à sua mulher, Sarai, a promessa de que eles teriam um filho. O tempo foi passando e nada de a promessa se cumprir. Naquela época, a mulher que não pudesse conceber um filho era vista com preconceito. Sarai se sentia mal, pois achava que o problema estava nela. Então sugeriu ao marido que ele começasse a dormir com sua serva Agar.

Quando Agar ficou grávida, Sarai sentiu-se ainda pior. Imagino que ela deva ter pensado coisas como "Eu sou mesmo uma inútil, não sirvo nem para dar um filho ao meu marido" e "Sou uma decepção".

Deus, percebendo o que estava acontecendo, decidiu mudar o nome da mulher de Sarai para Sara, que significa princesa. Todas as vezes que a chamavam de Sara, estavam na verdade chamando-a de princesa e, aos poucos, a visão que ela tinha de si mesma foi mudando. Ela começou a se sentir ungida, abençoada e capaz de conceber. Sabe o que aconteceu? Mesmo com uma idade bem avançada, Sara engravidou e a promessa se cumpriu.

Este é o ponto em que quero chegar: amar a si mesmo, ver-se da maneira certa, pode fazer milagres em sua vida.

Uma vez, um amigo me disse algo interessante: "Seja a pessoa que seu cão pensa que você é." Eu não entendi, mas ele me explicou: "Fábio, é simples. Para seu cachorro, você é a melhor criatura do mundo. Ele pensa em você como alguém brincalhão, amigo e companheiro, que merece amor, carinho e lealdade. Ele gosta de você não por causa da sua aparência, do seu cargo ou do seu extrato bancário, e sim porque você lhe oferece afeto, confiança, abrigo e proteção. Quer mais motivos para ele o amar de modo incondicional?"

Amar a si mesmo, ver-se da maneira certa, pode fazer milagres em sua vida.

Eu ri daquela comparação, mas é assim mesmo. Você com certeza vai se sentir melhor se aprender a se ver através dos olhos amorosos do seu cão, mas vai se fortalecer e se agigantar na fé quando passar a se ver como Deus o enxerga:

como alguém altamente capacitado, ungido e abençoado, apto a realizar qualquer coisa que desejar. Então, daqui para a frente, entre pela porta das pessoas incríveis – e de cabeça erguida. Não de forma arrogante, mas consciente de que é filho de Deus Todo-poderoso e que nasceu, sim, para deixar a sua marca única e especial neste mundo.

3

REMOVA AS ETIQUETAS ERRADAS

Não deixe que os outros definam quem você é

Imagine a seguinte situação: você está voltando para casa quando se lembra de que acabou o sal. Como há um mercadinho no caminho, resolve dar uma passada rápida por lá. Você já esteve ali outras vezes e sabe onde fica o sal. Por isso, vai direto ao corredor onde está a gôndola com o produto que pretende comprar.

Você pega o sal da marca que costuma usar, confere o preço, mas vê que bem ao lado há um produto similar, só que um pouquinho mais em conta. A embalagem é bem simples: apenas um saco plástico transparente com uma etiqueta colada em que está escrito "Sal". Você pega então esse sal mais barato, vai para a fila do caixa, paga e segue o caminho de casa.

É hora de jantar e toda a família está com fome. Seu companheiro se oferece para preparar a comida, contanto que você lave a louça depois, e você aceita o combinado. Na cozinha, ele abre a geladeira, pega alguns tomates e um vasilhame com algumas linguiças, e no armário apanha um pacote de macarrão. Coloca a massa na panela com água sobre o fogão, a linguiça na frigideira e passa a preparar o molho. O jantar está quase pronto, falta apenas um pouquinho de tempero. Ele abre o pacote de sal que você acabou de comprar, salpica no molho, acrescenta orégano e *voilà*!

Você elogia o capricho e todos se sentam para comer. Só que, ao levar o garfo à boca para saborear a massa, você percebe algo de errado: "Meu bem, esse macarrão está doce!" Seu companheiro, em um primeiro momento, pensa que você está querendo tirar um sarro da cara dele. Então ele prova e se surpreende: "Nossa, está doce mesmo!"

Juntos, vocês vão até a cozinha, pegam o sal que você comprou e conferem que, na embalagem, está mesmo escrito "Sal". Ao provar, percebem que o conteúdo é... açúcar! "Mas como? Na etiqueta está escrito sal!", exclama você, sem entender nada.

Na verdade, o produto era realmente açúcar, mas de alguma maneira uma etiqueta errada foi colada ali e provocou toda a confusão.

O impacto das etiquetas erradas

Uma etiqueta é um pequeno rótulo que se aplica a um objeto para indicar suas características. Se aquele produto pudesse falar, ele diria: "Ei, eu não sou sal! Minha natureza é adoçar. Eu sou açúcar!" No entanto, se o açúcar tivesse consciência e ficasse por um bom tempo ali na prateleira do sal, com um rótulo de sal colado em si, aposto que chegaria um momento em que ele próprio ficaria em dúvida se de fato era quem pensava ser (açúcar) ou se era o que dizia a etiqueta (sal).

Muitas pessoas perdem a noção de quem são e daquilo de que são capazes por causa de uma etiqueta errada que foi colada nelas em algum momento. Então, passam a viver sentindo que há algo de errado com elas, acreditando que não possuem nenhuma qualidade e que não têm valor. Mas isso não é verdade!

Muitas pessoas perdem a noção de quem são e daquilo de que são capazes por causa de uma etiqueta errada que foi colada nelas em algum momento.

Foi exatamente o que ocorreu com uma moça chamada Fernanda, que conheci numa sessão de autógrafos do lançamento de um dos meus CDs. Em eventos assim, por causa da grande quantidade de pessoas, em geral não consigo dar atenção especial a todo mundo, mas quando vi a tristeza em seus olhos não pude deixá-la ir sem perguntar o que estava acontecendo.

Ela me contou que guardava uma mágoa muito grande no coração por causa do modo como havia sido criada. Desde pequena, sofria com a agressividade da mãe, que batia nela e a agredia verbalmente, dizendo coisas do tipo: "Eu me arrependo de ter engravidado de você" ou "Você é um estorvo na minha vida". Mesmo depois que entrou na adolescência, continuou sofrendo com a rotina de insultos proferidos pela mãe: "Você é uma inútil"; "Nunca será alguém na vida"; "Você não serve nem para ser prostituta".

Fernanda não via a hora de sair de casa e se livrar daquele "inferno". Aos 20 anos, arrumou um namorado e foi morar com ele. Quando nos conhecemos, ela estava com 25. Além de tudo o que tinha enfrentado, sofria porque não conseguia manter um relacionamento saudável e duradouro com ninguém. Só se envolvia com homens mulherengos, viciados ou agressivos. Profissionalmente, as coisas também não estavam bem. Não conseguia um bom emprego e nunca permanecia na mesma empresa por mais de três meses.

Ao ouvir sua história, logo percebi o que estava acontecendo. Fernanda deixou que as ofensas da mãe alterassem sua programação original. A cada palavra negativa que ouvia, uma etiqueta era colocada nela, o que acabou por modificar a percepção do valor que ela tinha sobre si mesma.

Expliquei que aquilo que os outros dizem sobre nós não pode ser mais forte ou mais poderoso do que aquilo que Deus diz a nosso respeito. Falei da necessidade de trocar as etiquetas erradas pelas certas. A mãe de Fernanda era uma pessoa infeliz, amarga, e escolheu a própria filha como vítima, descontando nela todas as suas decepções e frustrações.

Todos nós já cruzamos com esse tipo de pessoa, que pode ser o pai, a mãe, o companheiro, um professor, um chefe, um colega, enfim, alguém que não sabe lidar com os desafios, que se revolta com tudo e passa a vida despejando nos outros o seu rancor. Pedi a Fernanda que não permitisse mais que aquelas etiquetas erradas alterassem seu real valor. E disse a ela:

Minha irmã, seu nascimento pode não ter sido planejado pela sua mãe, mas já havia sido programado por Deus. Você pode não ter sido desejada por aqueles que estiveram ao seu lado enquanto crescia, mas foi muito esperada por aquele que a criou. Você pode não ter recebido o amor de uma mãe, mas é fortemente amada pelo Deus Todo-poderoso. Ele não a fez nascer do ventre de sua mãe por acaso. Ele não a fez crescer naquele ambiente por acaso. Tudo foi planejado, premeditado. Você foi colocada neste mundo para curar aqueles que passaram por algo igual ou semelhante ao que você passou. E a primeira pessoa que você tem que curar é a sua mãe. Ela não precisa do seu desprezo e esquecimento; necessita do seu amor.

Para se livrar dessas etiquetas erradas, vá até sua antiga casa, procure a sua mãe. Mesmo que ela não queira ouvir você, comece a falar. Diga algo como: "Mãe, eu a culpo por todas as vezes que você me ofendeu. Eu a culpo por todas as vezes que me xingou. Eu a culpo por todas as vezes que, em vez de carinho, você me deu um tapa. Eu a culpo por ter tornado minha infância difícil."

Depois disso, continue culpando-a, mas agora pelas coisas boas: "Eu também a culpo, mãe, por ter me dado condições de hoje entender aqueles que passam pelo que eu passei, pois agora sei como posso ajudá-los. Eu a culpo por ter feito de mim uma pessoa sem medo da vida, sem medo do mundo. Eu a culpo pela determinação que aprendi a ter, pela força que fui obrigada a criar."

E o principal, aquilo que irá promover sua cura: "Eu vim aqui, mãe, para dizer que eu também a entendo, e não só a entendo como a perdoo. E por entendê-la e perdoá-la, eu preciso dizer também que te amo."

Ao final da nossa conversa, Fernanda tinha uma nova visão da vida. Meses depois, eu a revi durante um evento. Eu estava no palco e ela, na plateia. Mas mesmo de lá percebi que seu semblante estava diferente; havia um brilho em seus olhos e um sorriso em seu rosto. Ao seu lado estava uma mulher um pouco mais velha, que chorava muito. Fernanda apontou o dedo dizendo: "É a minha mãe!" Naquela hora, fui eu que não contive as lágrimas, e ali mesmo, em pleno palco, agradeci a Deus pelo que havia acontecido. Fernanda tinha entendido que a cura acontece quando perdoamos.

Perdoar faz você crescer

Vejo muitas pessoas se perguntando o porquê de suas orações ainda não terem sido atendidas. É claro que existe um intervalo de tempo entre o momento em que você pede e a hora em que a resposta efetivamente chega. Mas o que tem impedido muita gente de obter uma resposta, uma cura ou uma transformação é a falta de perdão. A mágoa, o rancor, o desejo de vingança, o desprezo, o orgulho e o ódio criam uma gigantesca parede entre nós e Deus. Quando escolhemos perdoar, essa parede se desfaz.

Perdoar é libertar o prisioneiro e perceber que o preso era você. A outra pessoa pode ter sido a culpada, pode ter agido errado, mas se você não perdoar, é você quem vai se afastar de Deus. E não há nada neste mundo tão triste quanto distanciar-se Dele.

> Perdoar é libertar o prisioneiro e perceber que o preso era você.

Eu sei que você pode estar pensando: "Mas, Fábio, eu não estou a fim de desculpar ninguém! Afinal, não fiz nada de errado!" Tudo bem, mas o que você precisa saber é que perdoar não significa pedir desculpa. Significa que você confia em Deus como seu defensor.

Meu irmão, minha irmã, que etiquetas lhes foram colocadas? Existem rótulos que estão alterando seu valor e impedindo você de crescer e ser feliz? Existem crenças equivocadas que o impede de perdoar?

Colaram em você a etiqueta de "divorciado", que diz que você já perdeu sua chance e que agora é muito tarde para encontrar outra pessoa?

Grudaram em você a etiqueta de "incompetente", que diz que você não tem o necessário para exercer uma função ou que nunca será alguém na vida?

Estamparam em você a etiqueta de "acomodado", que diz que nunca terá o ânimo necessário para perseguir seus sonhos?

Entenda uma coisa: qualquer etiqueta que você tolerar, que você aceitar, é o que irá se tornar. Então pare de aceitar essas etiquetas negativas. Livre-se delas! Grude em você as etiquetas certas:

- Eu sou ungido.
- Eu sou abençoado.
- Eu sou capacitado.
- Eu sou competente.
- Eu sou valioso.
- Eu posso todas as coisas através de Cristo.

A história de Edison

Quando era criança, Thomas Edison, o grande inventor, um dia chegou em casa chorando e contou que seu professor dissera que ele era confuso e que era inútil mantê-lo na escola. Ao ouvir o relato do filho, a mãe de Edison ficou furiosa.

Foi até o colégio e deu um sermão no professor. Disse-lhe que ele não sabia de nada e que o menino, inclusive, era muito mais inteligente do que ele. Daquele dia em diante, Edison não voltou mais à escola e foi educado em casa pela mãe, que tinha formação de professora.

Aquela demonstração de amor e confiança marcou Edison profundamente por toda a vida. Já adulto e famoso por suas invenções, ele se referia à mãe como sua mais ardorosa defensora, e dizia que aquele episódio da escola fizera com que ele decidisse que honraria a confiança que fora depositada nele. E escreveu em seu diário: "Thomas Edison era uma criança confusa, mas graças a uma mãe heroína e dedicada tornou-se o gênio do século."

Percebeu o que aconteceu? Imagine se essa mãe tivesse permitido que aquelas etiquetas erradas fossem coladas em seu filho. Provavelmente, a descoberta da lâmpada elétrica e de outros tantos inventos seria contada de outra forma. A história da humanidade seria diferente.

Portanto, não deixe que nada nem ninguém escreva o roteiro da sua vida. Remova as etiquetas que não o representam e jogue-as no lixo. É dessa maneira que a opinião negativa das pessoas deixará de atingir você. Sabendo disso, pare de permitir que esses rótulos o limitem, o coloquem para baixo ou alterem seu verdadeiro valor.

4

PRESERVE SUA IDENTIDADE

Não permita que ninguém faça você se sentir inferior

Uma grande lição que aprendi na vida foi: o que uma pessoa diz a seu respeito não define quem você é. A opinião dela não determina o valor que você tem. Essa pessoa tem todo o direito de ter uma opinião, e você tem todo o direito de ignorá-la.

Não podemos nos deixar influenciar por comentários negativos, críticas mal-intencionadas ou opiniões maldosas de outras pessoas. É claro que precisamos estar abertos a novas ideias e receptivos a críticas construtivas. Mas não podemos deixar que pessoas amargas, cínicas ou invejosas afetem nosso ânimo, roubem nossos sonhos, destruam nossos planos e nos façam sentir inferiores.

Um dia, nos Estados Unidos, um homem chamado Norman Vincent Peale terminou de escrever seu primeiro livro e o chamou de *O poder do pensamento positivo*. Vestiu sua melhor roupa, colocou seu melhor sorriso e saiu à procura de uma editora para publicá-lo. Só que ninguém se interessou pelo livro. Ele só ouviu negativas.

Essa cena repetiu-se por vários dias consecutivos. Alguns editores disseram que aquele material não tinha valor. Outros, que era melhor Peale desistir da ideia de ser escritor, pois ninguém iria ler algo como o que ele havia escrito. Em um fim de tarde, depois de muitas negativas e críticas, Peale voltou para casa desanimado, sentou-se na cadeira da cozinha e jogou no lixo os originais de sua obra, dizendo: "Acho que realmente não sirvo para isso, e é aí, no lixo, que devem ficar os meus sonhos."

Sua esposa, Rute, inconformada com a atitude do marido, pegou imediatamente aquele material do lixo e falou, com a voz firme: "Eu acredito nos seus sonhos e acredito também em você!"

No dia seguinte, ele saiu de casa com o ânimo renovado. Bateu outra vez de porta em porta, até que finalmente encontrou uma editora que se interessou pelo livro. Resultado: a obra de Peale teve 40 milhões de exemplares vendidos apenas na primeira edição!

Esse exemplo ilustra bem por que você não deve se deixar afetar pelo que os outros pensam ou dizem a seu respeito. Muitas vezes, vamos encontrar pelo caminho pessoas extremamente críticas, que nunca estão satisfeitas e sempre apontam um erro ou defeito nosso, mesmo quando fazemos tudo certo. Por favor, não beba desse veneno nem caia na armadilha de dar ouvidos a esse tipo de gente.

Às vezes, sua luz brilha tanto que traz à tona a escuridão que há em algumas pessoas, fazendo com que elas mostrem o pior lado de si. Nesse caso, o que você precisa fazer é manter a sua paz, pois quanto mais falarem mal de você, mais Deus irá abençoá-lo.

Outro exemplo da importância de manter a fé em si mesmo é a história do ex-presidente americano Franklin Delano Roosevelt. Em 1921, aos 39 anos, ele contraiu uma poliomielite que o deixou com grandes dificuldades de locomoção. Anos mais tarde, durante a disputa presidencial, seus adversários alegaram que a limitação física afetaria seu desempenho no comando de um cargo tão importante.

Um dia, vendo-o triste e pensativo, sua mulher, Eleanor Roosevelt, lhe disse: "Meu bem, ninguém pode fazê-lo sentir-se inferior sem o seu consentimento." Aquelas palavras arderam em seu espírito, inspirando-o a lutar com mais fervor pelo seu sonho. Resultado: ele venceu as eleições de 1933 e permaneceu no poder até sua morte, em 1945. Roosevelt foi o único homem que conseguiu ser eleito e depois reeleito três vezes consecutivas como presidente dos Estados Unidos.

Agora me diga: até quando você permitirá que aquilo que alguém diz a seu respeito tenha tanto peso quanto sua própria opinião? Até quando se importará mais com o que as pessoas pensam de você do que com o que Deus diz a seu respeito? Será que você não percebe que esse é o jogo do inimigo? É exatamente isto que ele quer: colocar em seu caminho pessoas que falarão coisas que têm o poder de atingi-lo, para roubar seu ânimo e manter você longe de tudo aquilo que Deus lhe reservou.

Mantenha o foco

Feche os ouvidos e se mantenha focado. Muitos perdem sua essência, esquecem seu propósito e se desviam do seu verdadeiro destino por deixarem que as dificuldades e as opiniões dos outros determinem não apenas o modo como devem se sentir, mas também como devem viver. Não permita que isso aconteça com você.

Você pode dizer que é fácil falar e que na prática não é tão simples assim. Compreendo. Mas acreditar nisso demonstra que você ainda está aprisionado à opinião alheia. Se você não se libertar dessa dependência, ela vai anulá-lo por completo. Aos poucos, você acabará perdendo seu brilho e se desviando do seu caminho.

Livre-se desse medo de ser rejeitado pelo simples fato de não ter as mesmas opiniões que um amigo ou um grupo qualquer. Assuma-se como uma pessoa única, sem igual. Qual é o problema de ser diferente, original? Qual é o problema de não ser como todo mundo, de seguir o que diz seu coração, e de ser autêntico, verdadeiro? Qual é o problema de se permitir ser feliz?

Durante muito tempo, deixei que uma lembrança negativa inibisse o que Deus havia colocado dentro de mim. Eu tinha vergonha de falar em público e me sentia inadequado todas as vezes que queria expressar minhas ideias, meus sentimentos e minha verdade. Não posso deixar que a mesma coisa aconteça com você.

> Livre-se desse medo de ser rejeitado pelo simples fato de não ter as mesmas opiniões que um amigo ou um grupo qualquer.

Você não é a ofensa nem a crítica que lhe fizeram. Você não é o apelido ou o rótulo que lhe colocaram. Portanto, isso não pode ocupar tanto espaço na sua mente e na sua vida.

Não seja seu pior inimigo

Muitas vezes, nosso pior inimigo somos nós mesmos. Se você não acredita, pense bem e responda: Quantas vezes já pensou coisas ruins a seu respeito? Quantas vezes abandonou uma boa ideia porque não se achava capaz de executá-la? Quantas vezes já repetiu coisas como: "Ah, eu não sou bom nisso", "Não consigo fazer nada direito" ou "Eu nasci para sofrer".

Percebeu? Quando pensa dessa forma, você não está apenas se anulando, está profetizando sua derrota no futuro.

Também nos colocamos para baixo a cada vez que implicamos com alguma parte do nosso corpo. Muitas pessoas têm vergonha de sua aparência, sentem-se inadequadas ao se olhar no espelho, perguntam a Deus por que nasceram com um quadril tão largo, um nariz tão pontudo, seios tão pequenos ou braços tão grossos. Ei! Se você pensa assim, pare imediatamente! O mundo já nos julga e nos critica demais – não precisamos fazer coro a essas vozes que diminuem nosso valor. O problema é que, sem perceber, muitas vezes somos a voz mais alta desse coro.

Então me responda: o que você faria se alguém o tratasse do jeito que você se trata? Como reagiria se alguém o criticasse da forma como você se critica? Como lidaria com alguém que ficasse o tempo todo dizendo que você não é capaz?

Você provavelmente não admitiria ou se afastaria da pessoa. Talvez não tivesse coragem de reagir, mas com certeza se sentiria muito mal. Então por que faz essas coisas com você? Por que se permite ser seu maior carrasco?

Pense nisso. Você precisa aprender a se respeitar e a valorizar seus dons, seus talentos e suas habilidades. Precisa aprender a olhar com carinho e compaixão para a pessoa que você é. Não deixe que essa voz mentirosa envenene sua vida, anulando seu amor-próprio e sua autoconfiança.

Você precisa aprender a se respeitar e a valorizar seus dons, seus talentos e suas habilidades.

Acredite no seu potencial

Cerca de cinco anos depois de ter começado minha carreira de comunicador, eu fazia um programa na Rádio América quando um novo diretor assumiu. Ele me chamou em sua sala, pediu que eu me sentasse e começou a dizer que tinha sido contratado para "dar uma nova cara à emissora". Falou que tinha ouvido meu programa e me daria um conselho de amigo: era melhor eu procurar outra profissão, pois eu era meio gago, minha voz era chata e eu não tinha o menor carisma no ar.

Aquilo foi cruel demais. Eu era jovem, estava no começo da carreira e não merecia ser tratado daquela forma. Fiquei mal e por um momento realmente pensei em desistir. Mas depois entendi que meu destino não estava ligado ao daquele homem. Deus havia colocado a promessa em mim, e não nele. Decidi persistir, e Deus continuou me honrando. Aquele jovem que um dia foi chamado de gago e incapaz hoje leva mensagens de fé, esperança e encorajamento a milhares de pessoas.

Se eu não abaixei a cabeça, por que você vai abaixar? Se eu não acreditei nas mentiras que o inimigo disse sobre mim, por que você quer continuar acreditando em todas as palavras negativas que um dia jogaram em cima de você? Simplesmente delete tudo isso. Não perca nem mais um minuto tentando entender por que uma pessoa falou algo injusto ou mentiroso a seu respeito. O problema não está em você. Está nela.

A história de Lizzie

Para entender que é possível dar a volta por cima apesar das críticas alheias, vale a pena conhecer Lizzie Velásquez e sua incrível história de superação. Ela nasceu com uma síndrome extremamente rara, que impede seu corpo de absorver gordura. Por esse motivo, seu peso nunca ultrapassou os 30 quilos. A doença também a deixou cega do olho direito e fez com que ela envelhecesse mais rápido que o normal.

> Não perca nem mais um minuto tentando entender por que uma pessoa falou algo injusto ou mentiroso a seu respeito. O problema não está em você. Está nela.

Na escola, enfrentou bullying e todo tipo de preconceito e discriminação, mas nada tão cruel quanto o que aconteceu quando ela tinha 17 anos. Lizzie encontrou um vídeo no YouTube que mostrava fotos suas com a legenda "A mulher mais feia do mundo". Aquilo destruiu a autoestima da garota, que se trancou no quarto e não conseguia parar de chorar. Seu pai, preocupado, lhe disse: "Querida, você não é um acidente. Deus a fez dessa maneira para que você pudesse ser uma bênção, inspirando milhares de pessoas que sofrem também algum tipo de discriminação ou preconceito."

Lizzie percebeu que seu pai tinha razão.

Hoje ela é escritora, palestrante e promove conferências motivacionais. Em 2015, foi tema de um documentário aclamado pela crítica, e seus livros são um sucesso de vendas.

Portanto repito para você as palavras que incentivaram Roosevelt: ninguém pode fazer com que você se sinta inferior sem o seu consentimento. Não entregue o controle do seu humor, dos seus sentimentos ou da sua vida a nenhuma outra pessoa. Descubra seu chamado, encontre seu propósito e seja simplesmente quem Deus o criou para ser.

5

EVITE A AUTOSSABOTAGEM

Livre-se das desculpas e remova as barreiras que impedem sua felicidade

Se você quiser realmente fazer alguma coisa, encontrará uma maneira. Se não quiser (ou tiver medo de conseguir), encontrará uma desculpa. Parece cruel, mas é um comportamento mais comum do que se imagina. O nome disso é autossabotagem.

Autossabotagem é qualquer ação que você faz – conscientemente ou não – e que o impede de alcançar seus objetivos. Em 1916, Freud escreveu um artigo muito interessante, chamado "Os que fracassam ao triunfar". Nesse artigo ele falava das pessoas que tinham medo da felicidade e se sentiam confortáveis por não conseguir alcançá-la.

Esse é um processo complexo e trágico, que coloca as pessoas contra os próprios pensamentos e impulsos e leva a uma inevitável sensação de frustração. Todos cometemos erros, mas um verdadeiro autossabotador tenta consertar os seus prorrogando a resolução com decisões cada vez piores. Há muitas formas de se autossabotar, mas uma das que mais limitam o crescimento das pessoas são as desculpas.

> Se você quiser realmente fazer alguma coisa, encontrará uma maneira. Se não quiser (ou tiver medo de conseguir), encontrará uma desculpa.

Tenho um amigo que vivia lutando contra a balança. Ele já havia tentado de tudo para emagrecer, mas sem sucesso. Um dia, perguntei por que ele achava que estava tendo dificuldade para atingir seu objetivo, e ele listou uma série de motivos: possuía uma genética ruim, tinha um desequilíbrio hormonal, seu organismo não eliminava gordura com facilidade e diversas outras questões. Quando o alertei para o fato de que aqueles argumentos eram apenas desculpas para não perseverar na dieta, ele percebeu que estava se autossabotando, usando aquelas limitações para justificar sua obesidade.

Quando se livrou das desculpas, adivinha o que aconteceu? Ele perdeu peso. E começou a notar as justificativas que as pessoas inventam para não correr atrás do que desejam.

Desculpas servem para aliviar nossa culpa

É fácil encontrar uma desculpa para justificar o fato de não termos conseguido realizar um sonho, alcançar um objetivo ou vencer um desafio. É fácil também encontrar uma desculpa para não conseguirmos ser felizes ou superarmos um problema.

Eu vejo gente dizendo o tempo todo: "Já passei da idade para isso", "Nunca tive sorte", "Não tive boas oportunidades", "Se eu parar de fumar, engordo", "Eu não tenho tempo" "Nem adianta tentar". Isso não passa de desculpas. Esse é um discurso autossabotador porque, com ele, tentamos convencer nossa mente a encarar esses falsos argumentos como verdade. E, a partir do momento em que nossa mente acredita nessas "verdades", nos sentimos menos culpados por nossa falta de força de vontade, de ânimo, de determinação, de perseverança, de disciplina ou de coragem.

Entenda que essas desculpas servem apenas para justificar por que você está onde está, e, enquanto estiver fixado nelas, continuará no mesmo lugar.

Você pode até ter um motivo válido para querer permanecer aí. Talvez tenha sofrido uma injustiça, uma perda financeira, uma decepção amorosa, uma traição ou uma doença grave e esteja com medo de sair de sua zona de conforto. Mas não dá para ficar o resto da vida sentado sobre as cinzas, sentindo-se vítima e lambendo suas feridas. Comportando-se assim, você está não apenas se afastando do seu destino, mas também sendo negligente com o dom da vida que Deus lhe deu.

Veja o exemplo surpreendente do baiano Claudio Vieira, que nasceu com a cabeça virada para trás, com deformações nas pernas e com os braços colados ao tronco. Por causa dessa rara anomalia física – mais tarde diagnosticada como artrogripose congênita –, os médicos chegaram a aconselhar sua mãe a deixar de alimentá-lo para que morresse. Ela, contudo, não lhes deu ouvidos e criou o garoto normalmente, tratando-o da mesma maneira que tratava os outros filhos.

> Entenda que essas desculpas servem apenas para justificar por que você está onde está, e, enquanto estiver fixado nelas, continuará no mesmo lugar.

Claudio tinha tudo para inventar mil e uma desculpas para não ser feliz. Poderia lamentar-se por causa de sua aparência e suas limitações. Poderia se revoltar contra o mundo e contra Deus. Mas sabe o que ele faz hoje? Dá palestras motivacionais por todo o Brasil. Ele também lançou livros. Mas como ele escreve, se não tem braços? Colocando uma caneta na boca e se contorcendo inteiro para alcançar o caderno.

Percebeu por que você não pode mais continuar inventando desculpas para ficar aí estacionado? Pare de dizer que não pode, que não consegue, que não é capaz ou que não tem o que é necessário. Você tem, sim, tudo de que precisa para prosperar e conseguir o que quiser. Cada vez que inventar uma desculpa, estará deixando de crescer e impedindo Deus de agir e de levar sua vida a um novo nível.

Os caranguejos no balde

Certa manhã, um sujeito estava andando pela praia distraído, pensando na vida, quando observou um pescador com um balde cheio de caranguejos vivos. O pescador estava olhando para o outro lado, então o homem achou melhor alertá-lo: "Amigo, é melhor você tampar esse balde aí, porque os caranguejos estão tentando escapar." O pescador deu um leve sorriso e explicou: "Obrigado, mas não existe esse risco. Se aí dentro tivesse apenas um caranguejo, ele realmente poderia fugir. Mas como há vários, quando um deles começa a subir, os outros se agarram a ele, tentando escapar primeiro, o que acaba arrastando-o outra vez para baixo."

É isso que acontece quando você usa desculpas para não seguir adiante: elas não apenas mantêm você no mesmo lugar, como o arrastam para o fundo do poço.

Pare de esperar o momento perfeito ou as condições ideais para correr atrás de seus sonhos. Essa é uma espera que nunca terá fim. Ore a Deus em busca de orientação, abandone as desculpas, pare de se concentrar nos aspectos negativos e corra agora mesmo atrás dos desejos do seu coração. Decida recobrar sua energia, mudar seu estado de ânimo e conquistar seu lugar no mundo.

6

AFASTE-SE DOS MANIPULADORES

Aprenda a dizer "não" e pare de abdicar da sua felicidade por causa dos outros

Se você está lendo este livro é porque deseja ou precisa mudar alguma coisa em sua vida, certo? E eu posso até estar enganado, mas acredito que você não consegue dar um passo adiante porque tem crenças e hábitos que sabotam o seu desenvolvimento. E um desses hábitos nocivos é a dificuldade de dizer "não".

Observe as frases a seguir e responda se você já fez alguma destas coisas:

- Passou por uma situação constrangedora ou desagradável apenas para atender ao pedido de um amigo.
- Concordou com a opinião de uma amiga apenas para ela não ficar chateada.
- Emprestou dinheiro a um parente que está novamente em apuros, mesmo sabendo que ele nunca irá pagar.

- Sacrificou a própria felicidade apenas para manter alguém feliz.

Sabe por que você fez isso? Porque seu coração é puro e você gosta de agradar a todos. Por favor, não me entenda mal: é claro que é bom ajudar uma pessoa que está atravessando um momento difícil. O problema é que tem gente que abusa da sua boa vontade. Você pode até pensar que essa pessoa é sua amiga, mas na verdade ela é uma manipuladora.

Então, para o seu bem, você precisa aprender a dizer "não".

No começo vai ser difícil. Você vai ficar constrangido e se sentindo culpado quando negar um pedido de alguém. Mas o processo é assim mesmo e você precisa ser forte. "Mas, Fábio, a pessoa deixará de ser minha amiga!" Pois é, se isso acontecer, é sinal de que ela não era digna da sua amizade, pois estava se aproveitando de você. Quanto mais cedo você se libertar dos manipuladores, melhor.

Não pague dívidas que não são suas

Antes de prosseguir, eu preciso esclarecer um ponto: ser bom é uma coisa; abdicar da sua felicidade apenas para fazer alguém feliz é outra bem diferente. Não é certo nem justo. Mas acredito que você esteja exausto e desanimado exatamente por isto: porque tem se sentido responsável pela felicidade de todos à sua volta.

Você percebe o que está acontecendo? Você está querendo pagar uma dívida que não é sua. Está carregando uma cruz que simplesmente não lhe pertence.

Eu sei que você possui um coração enorme, mas seus ombros não suportam todo o peso do mundo. Há gente que se faz de coitada, de pobrezinha, de vítima, apenas para ganhar atenção e se aproveitar da sua boa vontade. Se você não impuser limites a pessoas assim, elas se tornarão um fardo e o afastarão do seu caminho.

Seu tempo é precioso demais para perdê-lo distraindo-se, fazendo malabarismos para satisfazer todas as pessoas. Você tem um destino a cumprir, e não está aqui para ser infeliz enquanto luta pela felicidade de alguém.

Lembre-se: você não precisa da aprovação de ninguém, porque já tem a aprovação de Deus! E ele quer que você seja uma pessoa boa, mas não boba. Não deixe que os manipuladores afastem você do seu destino. Você é ungido para ser a pessoa que Deus o chamou para ser!

Lembre-se: você não precisa da aprovação de ninguém, porque já tem a aprovação de Deus! E ele quer que você seja uma pessoa boa, mas não boba.

7

LIBERTE-SE DO PASSADO

Arranque o espinho que está atrapalhando sua caminhada

Frequentemente converso com pessoas que têm tudo para serem felizes, mas não são. Elas não se sentem completas nem realizadas, e o que mais as incomoda é o fato de não saberem o motivo de se sentirem assim. Se você está realmente decidido a reencontrar sua essência e ver sua vida ganhar um novo significado, precisa eliminar tudo aquilo que está limitando o poder de Deus em sua vida. Precisa estar disposto a vasculhar sua mente e identificar que histórias do passado podem estar causando essa angústia no presente.

Muitas vezes, ficamos presos a acontecimentos antigos, a dores que sentimos há muito tempo e que não foram curadas. É como um espinho que entra no dedo e não conseguimos tirar. Depois de um tempo, ele é absorvido pela pele e desaparece. Mas, mesmo não estando mais visível, ele ainda provoca dor. Com o passar dos anos, nos esquecemos daquele espinho (a causa da dor), porém continuamos sentindo desconforto quando tocamos no local em que ele se instalou.

Faça um esforço e pense: qual é a primeira lembrança que você tem da sua infância? Quantos anos tinha nessa época? Provavelmente, 3 ou 4, pois a maioria das pessoas não consegue se recordar de nada antes disso.

> Se você está realmente decidido a reencontrar sua essência e ver sua vida ganhar um novo significado, precisa eliminar tudo aquilo que está limitando o poder de Deus em sua vida.

Uma pesquisa desenvolvida no Canadá afirma que não nos lembramos dos acontecimentos da nossa primeira infância porque nos esquecemos deles enquanto ainda somos crianças. O fenômeno tem um nome: amnésia infantil. Por que isso acontece? A neurociência não tem certeza. Uma das hipóteses é que, nos primeiros anos de vida, nosso cérebro ainda não estaria pronto para gravar memórias para a vida inteira. Para a psicanálise, porém, parte da infância é esquecida porque as lembranças são conflitantes. Eliminamos da consciência tudo aquilo que traz conflito e dor e mandamos para o inconsciente.

Na verdade, não apenas na infância, mas durante toda a vida, nossa mente vai transferindo de lugar cada evento doloroso que presenciamos, cada experiência negativa que vivemos, como um sistema de autodefesa. Essas lembranças saem do consciente e vão para o inconsciente. Assim, mesmo sem recordar, muitas vezes sofremos os efeitos dessas memórias por muitos e muitos anos.

Talvez você já tenha até procurado especialistas e tomado remédios para tentar eliminar essas dores do passado. Mas medicamentos não vão tratar a causa, apenas os sintomas provocados pela inflamação daquele espinho que está há anos escondido sob a sua pele. O que você precisa fazer para se livrar de uma vez por todas desse incômodo é descobrir onde está esse espinho e arrancá-lo de vez.

O papel dos pais

Alguns pais, em vez de preparar os filhos para se tornarem adultos seguros e confiantes, acabam colaborando para o desenvolvimento de uma pessoa com dificuldade de se sentir capaz, de se relacionar, de encarar os desafios, de resolver os problemas e, por consequência, de ser feliz.

Não quero julgar nem criticar a criação de ninguém, até porque não sei o que cada um enfrentou. As pessoas que estiveram ao seu lado enquanto você crescia provavelmente foram boas e procuraram lhe dar o melhor que podiam. No entanto, podem ter feito alguma coisa que gerou em você algum tipo de trauma, bloqueio, receio, insegurança ou limitação. O tal espinho.

Posso até ouvir algumas pessoas dizendo: "Fábio, mas isso não aconteceu comigo. Eu cresci tendo tudo do bom e do melhor. Fui tratada com uma princesa. Não faz sentido que a minha angústia venha da minha criação." Compreendendo, mas conheço mulheres que tiveram pais superprotetores e foram tão bajuladas enquanto crianças que hoje sofrem por terem dificuldade de viver no mundo real.

Outra pessoa pode pensar: "Meu caso é diferente. Como você pode dizer que o que acontece comigo é reflexo da forma como meu pai me criou, se eu cresci sem a presença dele?" Bem, é muito possível que a falta da figura paterna tenha alterado algo na sua personalidade. Não digo que seja o seu caso, mas conheço mulheres que têm uma atração especial por homens mais velhos e reclamam que seus relacionamentos nunca vão para a frente. E sabe por quê? Porque, no fundo, não estavam buscando um companheiro, mas tentando obter a atenção e o amor que nunca receberam do pai.

O que estou tentando dizer é que aquilo que vemos, ouvimos e vivemos enquanto estamos crescendo não apenas determina nossa percepção do mundo, mas molda nosso caráter e nosso comportamento. Veja, não estou querendo que você jogue sobre outra pessoa nenhum tipo de culpa por seus problemas. Não é nada disso. Até porque você nunca se tornará quem quer ser se culpar ou responsabilizar alguém por quem você é agora.

Estou pedindo apenas que procure dentro de si o momento em que o espinho feriu você. Só assim poderá retirá-lo e eliminar a inflamação.

O filme que me ajudou a remover meu espinho

Na adolescência, eu era um cara inseguro e extremamente tímido. Tinha uma dificuldade enorme de expressar minhas ideias e opiniões. Sofria de gagueira e fala acelerada. Eu sempre queria terminar logo o que dizia, pois achava que o que eu estava falando não tinha importância para ninguém. Eu pensava que estava incomodando as pessoas e que, se não fosse ligeiro, elas dariam meia-volta e iriam embora.

Por um longo período, isso me fez sofrer, me limitou e me aprisionou. Os fins de semana dos rapazes que estudavam comigo eram agitados, movimentados, empolgantes. Os meus não. Na verdade, sábado era o pior dia da semana para mim. Enquanto eles saíam para se divertir, eu ficava sozinho no meu quarto. Trancava a porta, colocava para tocar alguma música bem triste e viajava (na verdade me perdia) para dentro de mim. A música terminava e eu a repetia. Quem eram meus companheiros nessa época? Uns dois ou três cadernos repletos de pensamentos, ideias e poemas, onde eu escrevia tudo o que sentia.

Saí da adolescência, entrei na fase adulta e continuei inseguro, tímido, envergonhado e me sentindo inferior e esquisito. Foi então que, vendo uma cena de um filme, tive um insight e consegui identificar a raiz do que acontecia comigo.

O filme era *Sociedade dos Poetas Mortos*, lançado em 1989. Nele, John Keating era o novo professor de uma escola preparatória de rapazes, conhecida por suas antigas tradições e alto padrão educacional. Ele dava aula de literatura, focando a descoberta da poesia e a influência dela na vida dos alunos, incentivando-os a se tornarem livres-pensadores. Os meninos descobrem que, na juventude, seu professor fazia parte de um grupo chamado Sociedade dos Poetas Mortos, em que os jovens liam e viviam intensamente a poesia.

Os alunos de Keating decidem reviver a antiga sociedade, e nesse processo é aflorada a personalidade de cada um, até então reprimida pelas escolhas feitas pelos pais para o futuro deles. No entanto, o suicídio de um dos rapazes, que não consegue se libertar das imposições da família, acaba com a sociedade secreta.

Foi exatamente na cena em que o garoto briga com o pai que ouvi um "estalo" em minha mente. Voltei ao passado e identifiquei em que momento da minha infância o espinho havia entrado em mim.

Meu pai tinha um jeito autoritário e ditador, do tipo que não conversava, só gritava. Por esse motivo, eu entrava em pânico sempre que ouvia alguém discutindo, falando em voz alta ou gritando. Além disso, todas as vezes que estávamos em uma roda de parentes ou de amigos, se eu dissesse algo ou fizesse algum comentário, podia esperar que iria ouvir seu berro: "Cala a sua boca, garoto!" Isso se repetiu muitas e muitas vezes e, por esse motivo, acabei desenvolvendo a gagueira e a fala acelerada.

Identificada a raiz do problema, aos poucos fui eliminando esse espinho da minha mente. Toda vez que gaguejava ou percebia que estava falando muito rápido, eu parava, respirava, substituía a imagem mental de uma criança medrosa pela de um adulto seguro de si, e então voltava a me comunicar com calma e sem pressa.

Em meu coração, perdoei meu pai. Não que ele tivesse feito algo seriamente condenável ou que precisasse do meu perdão. Mas *eu* precisava perdoá-lo. Eu sentia a necessidade de dizer a mim mesmo: "Ele não tem culpa. Não fez por querer. Não agiu assim porque me amava menos. Foi apenas uma repetição de um comportamento que ele talvez tenha vivido quando criança." Quando finalmente o perdoei, era como se eu pudesse ouvir o som de pesadas correntes se quebrando.

Deus usa diversos meios para falar conosco. No meu caso, Ele usou um filme. Inspirado pela história do personagem, consegui acessar lembranças escondidas no fundo da minha mente, encontrei a origem do meu sofrimento e me libertei de algo que me limitava e me fazia sofrer.

Encontrando o seu espinho

Pode ser que, neste momento, Deus esteja usando minhas palavras para provocar uma mudança dentro de você.

Quem sabe você não esteja sendo grosseiro ou desrespeitoso com a sua esposa porque cresceu vendo seu pai tratar sua mãe dessa maneira? Quem sabe você, que hoje tem dificuldade de se ver como alguém inteligente e capacitado, seja assim porque na infância uma pessoa muito próxima costumava chamá-lo de burro ou dizer-lhe que nunca seria alguém na vida?

Talvez você não consiga se envolver afetivamente com ninguém por ter visto sua mãe sofrer com traições, agressões ou abandono. Talvez você seja a pessoa mais meiga do mundo, mas seja incapaz de dizer "eu te amo" porque ninguém lhe disse isso quando você era criança.

Há pessoas que não conseguem sentir prazer ou possuem até mesmo certo asco pelo sexo por terem sofrido algum tipo de abuso quando mais jovens. Talvez você tenha dificuldade de se achar uma pessoa bonita e atraente pelo fato de ter tido uma criação muito severa, cheia de regras e proibições.

Conheço pessoas que são muito autocríticas e estão sempre insatisfeitas com seu desempenho profissional. Isso pode ter tido origem lá atrás, quando eram cobradas demais ou comparadas com os irmãos. Agora não conseguem descansar nem nos poucos dias que tiram de folga, pois estão o tempo todo competindo ou achando que precisam provar algo a alguém.

Quem sabe você não vive frustrado por ter sido pressionado na infância a atingir as expectativas dos seus pais, e não as suas? Há pessoas ainda que não conseguem se imaginar levando uma vida realizada, tendo uma família saudável, morando em um lar feliz, por terem sido criadas em um local onde existiam brigas, vícios e violência.

Por mais que doa, vasculhe suas memórias e busque suas próprias respostas. Elas estão aí, dentro de você. E só depois de encontrar a raiz de seu problema é que você será capaz de arrancá-lo de vez da sua vida.

Por mais que doa, vasculhe suas memórias e busque suas próprias respostas. Elas estão aí, dentro de você. E só depois de encontrar a raiz de seu problema é que você será capaz de arrancá-lo de vez da sua vida.

Você não é mais uma criança indefesa

Não quero menosprezar seu sofrimento nem minimizar a importância do que você viveu, mas não posso permitir que estrague sua vida ou comprometa o futuro que Deus lhe reservou por se sentir incapaz, infeliz, inadequado, inferior ou indigno de receber as bênçãos divinas.

Você não é mais aquela criança indefesa e assustada, por isso não pode continuar querendo voltar para o ventre de sua mãe sempre que se sentir inseguro. Também não pode mais querer se esconder debaixo da cama todas as vezes que não se sentir preparado para enfrentar um desafio, muito menos continuar fechando a cara e desistindo de tudo quando as coisas não saírem da forma como tinha imaginado.

Ninguém disse que é fácil, mas é hora de crescer. Enfrente o que for necessário para seguir adiante, tendo a certeza de que Deus estará ao seu lado em cada passo do caminho.

Minha mãe sempre gostou de plantas. Na garagem da casa onde morávamos, ela possuía vasos de tudo o que você possa imaginar. Entre suas flores preferidas estava a flor-de-maio, que um dia, do nada, começou a murchar e perder os galhos. A planta chegou a se encher de botões que nunca se abriram. Minha mãe resolveu seguir a dica de uma amiga e preparou um inseticida caseiro, que borrifou sobre as folhas por cinco dias, mas nada de a plantinha melhorar. Frustrada, decidiu ir até a floricultura. Lá, foi orientada a fazer o transplante para um vaso maior, com substrato renovado. Antes, porém, teria que lavar toda a raiz e usar outro tipo de inseticida.

Poucas semanas depois, a flor-de-maio estava plenamente recuperada. O que tinha acontecido? Um fungo estava se alimentando das raízes, destruindo o sistema radicular da planta. Quando ele foi eliminado, o problema foi resolvido.

O que eu quero dizer com essa história? Que, quando atacamos a origem daquilo que nos faz mal, voltamos a crescer.

Deixe esta verdade ganhar vida em seu espírito: Nada do

que você viveu pode alterar o destino que Deus já traçou! O lugar de onde você veio não pode definir o lugar para onde você vai. Não importa o que tenha passado, não importa quanto tempo tenha decorrido, você ainda se tornará tudo o que Deus o criou para ser!

E lembre-se: Se um ovo é quebrado por uma força externa, a vida acaba. Se for quebrado por uma força interna, a vida começa. E eu não tenho dúvida de que há um tesouro incalculável em seu interior, prestes a vir ao mundo. Você só precisa quebrar a sua casca da maneira certa.

8

SUPERE OS PERÍODOS SOMBRIOS

Foque a bondade de Deus e abandone a autopiedade

Quando sofremos uma perda ou passamos por um período difícil, podemos ficar sem forças para reagir e até mesmo para orar. Nesses momentos, muitas vezes temos a impressão de que a vida não faz sentido e culpamos Deus por ter sido tão injusto conosco. Consequentemente, nos revoltamos e nos afastamos da nossa fé.

Meu irmão, minha irmã, por mais desafiadora que seja a provação, não podemos esquecer que decepções e dificuldades fazem parte da vida de todos nós. Diante delas, temos duas opções: afundar no sofrimento ou voltar a confiar em Deus. Quando optamos por nos apegar à dor, nos tornamos rancorosos e amargurados. Por outro lado, se deixamos o passado para trás e fortalecemos nossa crença, Deus cura nossas feridas, alivia nosso fardo e nos permite viver tempos de paz e alegria outra vez.

Você provavelmente se lembra da tragédia que aconteceu no réveillon de 2009 para 2010 no município de Angra dos Reis, no litoral sul do Rio de Janeiro. No dia 1º de janeiro, após três dias consecutivos de chuvas intensas, dois deslizamentos de terra atingiram a região, matando 53 pessoas.

A família de Claudia e Marcelo havia alugado uma casa na Enseada do Bananal, na Ilha Grande, para comemorar a virada do ano. O que deveria ser um momento de alegria se transformou num terrível pesadelo: o casal viu as filhas Giovana e Gabriela serem soterradas pelo desabamento. Das seis pessoas que estavam hospedadas na casa, apenas Claudia e Marcelo sobreviveram.

Se você tem filhos, pode imaginar o tamanho da dor que eles sentiram. Mas, depois de muitas lágrimas e muito sofrimento, Claudia e Marcelo entenderam que não podiam colocar a culpa em Deus nem fazer daquela tragédia o ponto central da vida deles. Em vez de alimentar rancor, ódio, revolta ou qualquer tipo de sentimento negativo, esforçaram-se para vencer o luto e sair daquela situação. Foi como se Deus tivesse posto a mão no ombro deles e sussurrado: "Ei, chegou a hora delas. Por um tempo as emprestei para vocês, mas agora preciso levá-las."

Marcelo tinha certeza de que, se ele tivesse morrido no lugar das filhas, estaria lá em cima pedindo que elas fossem felizes. Então, este se tornou o maior compromisso desse bravo casal. Hoje, agradecem a Deus por estarem vivos e aproveitam cada oportunidade para serem felizes. Claudia engravidou meses depois, mas sofreu um aborto espontâneo.

Acabou fazendo uma inseminação artificial e, em novembro de 2013, os dois foram presenteados com o nascimento de três lindas crianças. Isso mesmo, trigêmeos. Claudia diz a todo instante que as crianças são o símbolo da superação, e o médico que acompanhou a gestação afirmou que o casal está mostrando ao mundo que é possível recomeçar.

Você, que passou por uma perda, decepção ou tragédia, precisa fazer a mesma coisa. Por maior que seja a sua dor, é preciso vivê-la e depois deixá-la ir. Aquele casal perdeu as duas filhas e conseguiu seguir em frente porque escolheu focar a misericórdia e a bondade de Deus – e não o sofrimento. Portanto, não fique tentando encontrar respostas para cada situação, não perca tempo procurando o sentido de tudo nem coloque a culpa em Deus quando algo de ruim lhe acontece. Recuse-se a viver assim, remoendo perdas e injustiças.

Agora pare e reflita sobre o que está fazendo com a sua vida. Você tem escolhido se apegar a coisas que drenam a sua energia? Está querendo respostas para coisas que simplesmente não têm explicação? Essas atitudes fazem você perder a alegria, a fé e a esperança no futuro. Não deixe o inimigo plantar na sua mente pensamentos que o arrastam para baixo. Libere sua amargura, liberte-se da angústia, abandone a autopiedade. Mude seu estado de espírito.

Não deixe que um período de sofrimento se transforme em uma vida de lamentação. Resgate sua fé, recobre sua força, volte a ter ânimo. Vire a página e viva o novo capítulo que Deus já escreveu para você. Em vez de pensar no que perdeu, agradeça pelo que você tem. Não é fácil, mas é possível. E o esforço vale a pena.

Ao se livrar dos lamentos, Deus lhe trará novos tempos.

Ao se livrar dos lamentos,
Deus lhe trará novos tempos.

9

SIGA SUA BÚSSOLA INTERNA

Não abandone o caminho que Deus criou para você

No caminho para encontrar nosso verdadeiro propósito, podemos acabar desanimando e deixando o entusiasmo morrer. Isso pode acontecer por diversos motivos, mas o principal deles é o fato de pararmos de seguir nossa bússola interna.

Há pouco tempo li uma história em que um rapaz contava sobre sua tia. Desde pequena, ela cantava no coral da igreja e amava fazer aquilo. Quando se casou, seu marido a fez abandonar o canto, alegando que ela tinha coisas mais importantes a fazer dentro de casa. Muito a contragosto, para não contrariar o companheiro, ela acabou saindo do coral.

Os anos foram passando e ela foi levando a vida como dona de casa. Teve filhos e depois vieram os netos. O peso da idade trouxe complicações de saúde. Seu companheiro faleceu e, quando ela completou 85 anos, a família a colocou em um asilo. Aquela senhora havia muito tinha perdido o sorriso, a alegria e até a vontade de viver.

No entanto, algum tempo depois, os poucos parentes que a visitavam não a reconheceram mais. Perceberam que ela estava mais animada e parecia mais jovem. A princípio não conseguiram detectar a razão daquela mudança, mas quando conversaram com uma das enfermeiras entenderam o que tinha acontecido.

Todos os dias de manhã, ela ficava em frente aos seus companheiros do asilo e... cantava! E com a mais linda e doce voz que já haviam escutado.

Aquela senhora tinha um tesouro enterrado dentro dela, um dom que ficou adormecido por quase 70 anos, e que finalmente pôde brilhar.

Ninguém pode forçar você a ser algo que não é. Se quiser ver o favor de Deus em sua vida, seja a pessoa que Ele o fez para ser, e não a pessoa que seu pai, seu marido, sua esposa ou seu chefe querem que você seja.

Meu desafio para você neste momento é: não morra com a música ainda em você. Não negligencie os dons que Deus lhe deu. Você não pode passar pela vida sem deixar vir à tona o que há em seu interior. É isso que significa seguir a sua bússola interna.

Você não pode passar pela vida sem deixar vir à tona o que há em seu interior.

Você nasceu no lugar certo

Há um livro chamado *O príncipe e o mendigo*, de Mark Twain, que conta a história de Tom e Edward. Tom é um garoto que vive no subúrbio e leva uma vida de miséria, mendigando sua parca ração diária de comida, apanhando do pai e sofrendo maus-tratos da avó. Já Edward é o príncipe herdeiro do trono, vive na corte cercado de regalias e agrados. Os dois garotos, cada um por suas próprias razões, sentem-se curiosos para experimentar uma vida diferente daquela que levam. Por um golpe do destino, eles acabam trocando de lugar e assumindo a identidade um do outro. Esse acontecimento vai mudar para sempre a vida dos dois.

Da mesma forma que os meninos da história, você pode ter a sensação de que não pertence ao lugar onde está. Você pode ter a impressão de ter nascido na casa errada, na família errada, no país errado, no planeta errado, mas eu garanto que não. Você nasceu no lugar certo, na família certa, no momento certo. Tudo pelo que você passou teve um sentido, um propósito, uma razão de ser. No entanto, o lugar em que está agora não é o lugar onde ficará para sempre. Você já está se conscientizando da sua essência, e é hora de assumir seu papel na realeza.

O Salmo 8:5 diz: "(...) de glória e de honra o coroaste." Isso significa que quando o Criador do Universo soprou vida em você, colocou uma coroa em sua cabeça. Mas o que isso quer dizer? Essa coroa representa a bênção e o favor de Deus em sua vida.

Se Deus falasse conosco por meio de um aplicativo como o WhatsApp, seria como se a todo instante recebêssemos uma notificação dizendo: "Você não é uma pessoa mediana, imperfeita ou comum. Há sangue real correndo em suas veias!" Você pode estar vivendo uma vida de mendigo, mas seu lugar é no palácio, pois foi coroado por Deus. Faça dessa coroa um lembrete diário de que você tem direito de ser próspero e de se sentir abençoado.

Você pode estar vivendo uma vida de mendigo, mas seu lugar é no palácio, pois foi coroado por Deus.

Ao ficar relembrando erros do passado, incomodando-se com o que dizem a seu respeito e permitindo que isso limite seu potencial, você está anulando o poder da sua coroa e da sua bússola. As pessoas e as circunstâncias não podem determinar seu destino. Ninguém sabe o que há dentro de você.

Por isso, não tire sua coroa apenas porque alguém disse que você não é bom o suficiente para carregá-la. Não abandone sua bússola em algum canto porque alguém disse que você não terminaria sua jornada.

A vida que você tem para realizar seus sonhos é esta. A vida que você tem para ser feliz é esta. Há algo maior à sua frente, há algo melhor em seu futuro. Então, mesmo que você esteja passando por um momento difícil, não se deixe abater. Recoloque sua coroa, retome o seu rumo. Compartilhe seus talentos e dons espirituais com este mundo. O destino que Deus criou para você está à sua espera.

10

ABRA ESPAÇO PARA O RECOMEÇO

Aprenda com seus erros e confie no perdão de Deus

Eu ainda não descobri o motivo, mas nós, seres humanos, tendemos a deixar que as coisas negativas nos marquem mais do que as positivas. Você talvez não se lembre de onde estava quando a seleção brasileira de futebol foi campeã do mundo em 2002, mas com certeza se recorda com detalhes de onde estava quando o time perdeu por 7 a 1 da Alemanha, em 2014.

É assim também com nossas experiências pessoais. Se não tomamos cuidado, acabamos deixando que os fatos negativos afetem nosso presente e comprometam nosso futuro. Enquanto vivermos lamentando as coisas ruins, perderemos as coisas boas que Deus preparou para nós.

Muitas vezes, em vez de encarar os erros como aprendizado e de superar as decepções, as pessoas "embrulham" esses acontecimentos e os carregam como bagagens por anos e anos. Na verdade, fazem até questão de deixá-los em um local de fácil acesso, para que possam revê-los (e revivê-los) constantemente.

> Se não tomamos cuidado, acabamos deixando que os fatos negativos afetem nosso presente e comprometam nosso futuro. Enquanto vivermos lamentando as coisas ruins, perderemos as coisas boas que Deus preparou para nós.

E não é só isso. Com frequência, essas pessoas não se contentam em guardar suas dores para si e têm necessidade de dividi-las com todo mundo o tempo todo. Vivem repetindo coisas como: "Você viu o que aconteceu comigo?" e "A vida foi muito injusta comigo". No fundo, o que elas querem dizer é: "Viu como eu sou um pobrezinho? Você não tem pena de mim?" Ao fazer isso, elas se colocam no papel de vítima e passam a se alimentar do próprio sofrimento, num círculo vicioso que parece não ter fim.

A essa altura, você já deve ter entendido que esse comportamento não leva a lugar algum. Então, por favor, saia dessa areia movediça! Pare de se lamentar e permita que suas feridas cicatrizem. Todos nós cometemos erros, sofremos perdas e decepções, passamos por reveses e contratempos. Faz parte da vida.

"Mas, Fábio, você não está entendendo. Eu cometi muitos erros, fiz escolhas equivocadas, sofri perdas terríveis. Não consigo deixar isso para trás." Tudo bem, eu compreendo. Sei que você está sofrendo. Mas aprenda uma coisa: embora as lembranças ruins sempre tentem vir à tona, você não é obrigado a revivê-las cada vez que surgirem. Resista. Bloqueie. Não deixe que o sofrimento ligado ao passado o acompanhe dia após dia. Deus é seu verdadeiro companheiro na estrada da vida. Ele está sempre ao seu lado, pronto para perdoar seus erros, curar suas feridas e proporcionar novos começos.

> Embora as lembranças ruins sempre tentem vir à tona, você não é obrigado a revivê-las cada vez que surgirem.

A história de Lúcia

Conheci Lúcia na saída de um dos meus eventos e ela me contou uma história que exemplifica muito bem o poder da fé e da esperança. Há cerca de 30 anos, ela conheceu um rapaz por quem se apaixonou. Eles começaram a namorar e o inesperado aconteceu: ela engravidou. Lúcia tinha 18 anos e o rapaz, 22.

Como a situação financeira de ambas as famílias não era boa, Lúcia e o namorado concluíram que a notícia de uma gravidez àquela altura causaria um transtorno muito grande. Decidiram morar juntos e esconder a gravidez dos parentes para, após o nascimento, dar a criança para adoção. Em fevereiro de 1986, ela deu à luz um menino, que logo foi entregue a uma conhecida da enfermeira do hospital. Pouco tempo depois, Lúcia e o namorado se casaram, e então, de modo planejado, tiveram mais dois filhos.

O casal foi conseguindo se ajeitar na vida. O marido de Lúcia arrumou um bom emprego, eles compraram uma boa casa e colocaram as crianças em boas escolas. Apesar de estar tudo indo bem, Lúcia não conseguia ser totalmente feliz. O fato de ter escondido a gravidez da família e entregado seu primeiro filho a uma desconhecida a incomodava demais. Na verdade, ela não passava um dia sequer sem pensar na criança.

A convite de uma vizinha, Lúcia passou a acompanhar minhas orações pelo rádio e conheceu a palavra de Jesus. Mais tarde começou a frequentar meus encontros de fé. De início ia sozinha, depois ia com os filhos, até que convenceu o marido a ir também. Desde que ele foi pela primeira vez, sentiu algo diferente em seu coração. Ele adquiriu o hábito de ouvir o programa de rádio no carro, a caminho do trabalho, e Lúcia, de casa.

Um dia, eles me ouviram dizer que Deus perdoa todos os nossos erros, inclusive aqueles que tentamos esconder até de nós mesmos. Eu disse que, se nos aproximamos Dele e nos arrependemos de coração, Ele nos dá uma nova chance. Aquelas palavras ecoaram no coração dos dois.

Quando chegou em casa à noite, o marido de Lúcia disse: "Meu bem, quero lhe contar uma coisa: eu tenho orado muito para que Deus nos dê uma nova chance com o filho que doamos." Lúcia se emocionou e confessou que aquele também estava sendo o pedido de suas orações.

Em uma manhã de maio de 2014, a campainha da casa daquela família tocou. Gustavo, o caçula, foi atender. À porta, estava um jovem acompanhado por uma senhora, que pediu para falar com a dona da casa. Lúcia foi até a porta para ver do que se tratava. À sua frente estava um rapaz alto e bonito, com um olhar estranhamente familiar.

O coração de Lúcia acelerou, ela se arrepiou inteira e em seu íntimo pensou: "Meu Deus, será que este é o meu filho?" Na mesma hora, a voz da razão gritou em sua mente: "Ora, não seja boba. Esse é apenas o seu desejo. Afinal, quais são as reais possibilidades de, depois de tanto tempo, seu filho aparecer na sua porta?"

Então, com a voz trêmula, ela perguntou:

– Pois não, em que posso ajudar?

O rapaz respondeu que estava ali para tratar de um assunto particular e perguntou se podia entrar. Como o marido de Lúcia não estava em casa, ela ficou receosa de permitir e respondeu:

– Moço, não me leve a mal, mas é que a casa está uma bagunça, sabe? O senhor não pode me falar do que se trata?

O jovem respirou fundo e disse:

– Há 28 anos, uma mulher deu à luz uma criança e a entregou para adoção...

O coração de Lúcia parecia que ia sair pela boca. Ela nem esperou o rapaz terminar de falar. Na verdade, não precisava. Algo dentro dela dizia que aquele era o seu filho. Então, sem pensar duas vezes, envolveu-o em seus braços e o apertou junto ao peito, dando o abraço pelo qual ansiava havia tantos anos.

Ela mal podia acreditar que aquele dia finalmente havia chegado. Lúcia não parava de tremer e chorar. Um filme de sua vida passou em sua mente, desde o dia em que se despediu da criança até aquele momento. E foi aí que algo mágico aconteceu. Ela sentiu uma presença forte e poderosa, como se o Espírito de Deus estivesse ali no meio deles, dizendo: "Eu não falei que lhe daria uma nova chance?"

Perto da hora do almoço, Lúcia ouviu o barulho do carro do marido se aproximando e foi correndo ao seu encontro.

– Querido, venha, entre, temos uma visita!

No mesmo instante em que o homem olhou para o rapaz, sentiu uma pontada no coração. Suas pernas bambearam, lágrimas brotaram em seus olhos e ele ficou petrificado. Seu filho então se aproximou para cumprimentá-lo.

– Você me perdoa? – foi só o que o homem conseguiu dizer, com a voz embargada de emoção.

– Claro que sim, pai! – disse o rapaz, deixando-se envolver num forte e demorado abraço.

Tenho certeza de que Deus estava ali presente, abraçando-os também. Por meio da fé e da esperança, Ele criou um novo caminho para que essa história tivesse o final feliz que todos mereciam.

É possível que você tenha tido um começo de vida difícil. Pode ser que tenha passado por situações injustas ou dolorosas. Mas eu quero que você saiba que não importa como você começa, e sim como termina. Ou melhor, como recomeça.

Se você se livrar do peso das decepções, se arrepender dos erros que cometeu, abandonar de vez as bagagens extras que vem carregando e virar as páginas que precisam ser viradas, eu garanto que Deus também lhe dará novos começos para que você possa iniciar o capítulo mais incrível da sua vida.

> Não importa como você começa, e sim como termina. Ou melhor, como recomeça.

11

MANTENHA O AMOR-PRÓPRIO

Escolha ser feliz e não se esqueça de que você é especial

Certa manhã, ao terminar o programa de rádio, desci as escadas da emissora e encontrei uma garota que devia ter uns 20 e poucos anos. Ela tinha ido até lá para me procurar e se abrir comigo sobre um relacionamento que não tinha dado certo.

Essa moça amava um rapaz que não sabia amar. Ela fazia planos, tinha sonhos, e ele só queria curtir o momento. Quando começaram as mentiras e traições, ela terminou o namoro, mas ainda gostava dele e estava disposta a perdoá-lo. Ele, no entanto, percebeu que a garota estava apaixonada e começou a humilhá-la.

Histórias assim se repetem todos os dias, em todos os lugares. Os personagens mudam, mas o roteiro é o mesmo: uma pessoa apaixonada se anula por causa de outra, que não faz o mínimo esforço para honrar esse sentimento.

Nas músicas, no cinema, nas novelas e nos livros, esse tipo de "amor bandido" pode até ser interessante, mas na vida real é bem diferente.

Mesmo sendo um sujeito romântico e apaixonado, já aprendi que os relacionamentos da ficção não podem ser usados como referência para nossa vida. O amor não correspondido faz com que as pessoas percam o amor-próprio, dilacerem a autoestima e se tornem cegas, surdas e mudas, incapazes de perceber a situação destrutiva em que se encontram.

Entenda de uma vez: se uma pessoa realmente quer fazer parte da sua vida, ela se dedicará e se empenhará para isso. Então, pense duas vezes antes de reservar um espaço no coração para quem não valoriza sua companhia e não se esforça para ficar ao seu lado.

Depois de alguns relacionamentos fracassados, é normal você pensar que está destinado a se apaixonar pelas pessoas erradas. Talvez você tenha derramado muitas lágrimas, passado noites em claro e tentado aliviar a tristeza com barras de chocolate. Todo mundo passa por isso em algum momento. Mas não se esqueça de que Deus está no comando e que o que tiver que acontecer, vai acontecer.

Há um tempo para insistir, para lutar e até para desistir de um amor. E, muitas vezes, abrir mão de uma relação que traz mais sofrimento que alegria é um ato de bondade com você mesmo.

Algumas pessoas fazem parte do seu presente, mas não farão parte do seu futuro. Assim, ao deixar para trás o que foi apenas dor, você abrirá espaço para Deus lhe presentear com um novo amor. Por isso, não permita que a ansiedade tome conta do seu espírito nem fique se perguntando quando a pessoa certa vai aparecer. Tenha calma e acredite que Deus já a colocou em seu caminho.

> Se uma pessoa realmente quer fazer parte da sua vida, ela se dedicará e se empenhará para isso. Então, pense duas vezes antes de reservar um espaço em seu coração para quem não valoriza sua companhia e não se esforça para ficar ao seu lado.

E essa pessoa será alguém que vai querer ter você por perto sempre, e não apenas quando precisar de algo. Alguém para quem você não terá medo de mostrar suas poesias e seus sentimentos. Alguém que o ajudará a vencer os fantasmas da sua alma e as incertezas do seu coração. Mas enquanto esse alguém não chega, escolha ser feliz. Escolha ser feliz não somente quando acontecer o que você deseja, mas enquanto Deus vai agindo a seu favor.

O mais doloroso não é gostar de quem não gosta da gente, mas perder-se no processo de amar alguém demais, a ponto de esquecer que também somos especiais.

A felicidade é uma escolha

Tempos atrás, contei no rádio a história de Anita e de seu marido, Alex. Depois de anos de trabalho duro e dedicação à sua empresa, Alex foi promovido ao cargo de diretor. Para comemorar, a empresa promoveu um jantar especial. Estavam presentes o presidente e outros diretores, acompanhados de suas respectivas esposas. Como acontece muitas vezes, as mulheres acabaram fazendo uma rodinha, e os homens, outra. Foi então que a esposa do presidente fez a Anita uma pergunta inesperada: "Querida, seu marido faz você feliz?"

Alex e os outros homens estavam um pouco distantes, mas conseguiram ouvir a pergunta e começaram a prestar atenção na conversa. No curto intervalo entre a pergunta e a resposta, Alex ficou tranquilo, seguro, e até estufou levemente o peito, na certeza de que a esposa responderia que sim. No entanto, para surpresa de todos, ela respondeu: "Não, ele não me faz feliz."

Pairou sobre a sala um silêncio desconfortável. Alex ficou petrificado. Ele não podia acreditar no que a esposa estava dizendo, especialmente em uma ocasião tão importante para ele. Anita, então, começou a explicar sua resposta: "Não, ele não me faz feliz. Eu sou feliz por minha própria escolha. O fato de eu ser feliz ou não depende de mim, não dele. Ambos temos a inteligência e a sensibilidade necessárias para argumentar, interpretar e decidir. Eu opto por ser feliz em cada situação e em cada momento da minha vida com Alex. Se minha felicidade fosse depender de outras pessoas, de outras coisas ou circunstâncias, eu com certeza estaria com sérios problemas!" Aliviado, Alex voltou a respirar e um sorriso de orgulho surgiu em seu rosto.

Esta é a mais profunda verdade: a felicidade é uma escolha. E é uma escolha que só você pode fazer por si mesmo.

Ao acordar pela manhã, você pode encarar o novo dia com uma atitude positiva ou optar por ficar de mau humor. Se as pessoas ou as circunstâncias forem responsáveis pela sua felicidade, você corre o risco de perder a vida abundante que Deus coloca à sua disposição diariamente.

> Esta é a mais profunda verdade:
> a felicidade é uma escolha.
> E é uma escolha que só você
> pode fazer por si mesmo.

Sonhos de menina

É claro que todos temos nossos sonhos e ambições, mas as mulheres, em geral, possuem uma natureza mais sonhadora. Se você é mulher, provavelmente na adolescência ficava imaginando como seria seu futuro. No seu coração de menina, passeava o desejo de viver um lindo romance e uma grande aventura. No entanto, à medida que foi crescendo, começou a encontrar alguma dificuldade de se desprender do mundo que imaginou e se encaixar no mundo real.

Normalmente, a garota sonhadora acaba se contentando com uma vida de responsabilidades e deveres, esforçando-se para ser a mulher que a sociedade, os pais ou o companheiro querem que ela seja. Por esse motivo, muitas vezes leva uma vida infeliz, sentindo-se frustrada e esgotada. Hoje, quando fica sozinha, uma pergunta ecoa em seu peito: será que alguém pode me entender?

Eu entendo. Não tenho todas as respostas, mas sei que seu coração é ingênuo, e sua alma, transparente. Quando mais nova, você provavelmente se comparava com as garotas da sua idade e ficava cheia de medos e inseguranças. Ao contrário delas, você queria alguém que desejasse compartilhar seus pensamentos, suas ideias e seus sonhos, não apenas seu corpo.

Você tem grande dificuldade em viver no presente, pois tem medo do futuro e possui alguns arrependimentos em relação ao passado. Mas como é possível que alguém como você tenha medo? Por que ficar presa ao que já aconteceu, se todas as suas experiências serviram para tornar você essa pessoa valente e cativante que é hoje? Essa inquietude que você sente vem apenas do fato de não estar confortável consigo mesma.

Neste momento, gostaria de ser seu raio de esperança. Quero ser aquele que vai lembrá-la da bondade e da misericórdia de Deus. Quero ser aquele que vai chamá-la de volta para a vida e dizer que tudo vai ficar bem. Que sua fé é capaz de fazer milagres e que sua oração é capaz de reverter qualquer situação a seu favor.

Gostaria de poder lhe dar um abraço bem apertado, mas, como não posso, rogo para que um anjo do Senhor a visite, lhe mostre o lado bom da vida e faça você sorrir, crer e ter esperança outra vez. Quero que recupere o amor-próprio para reencontrar o tesouro que guarda dentro de si.

Você pode achar que não me conhece, mas estamos mais próximos do que você imagina e somos mais parecidos do que você pensa. Eu não conheço apenas o que está no seu coração, como também reconheço seu chamado, sua essência. E sei que você nasceu para ser estrela!

Então está esperando o que para voltar a brilhar? Você tem um destino a cumprir, uma missão a realizar. O que está em seu futuro é algo incrível, maior do que qualquer coisa boa que você já tenha vivido, porque é um projeto de Deus.

Você pode dizer: "Poxa, Fábio, não tenho certeza disso. Acho que o problema é comigo, sou uma pessoa difícil demais. Não sei se meu futuro vai ser tão bom assim." E eu digo: por favor, não fale mais isso. Você é capacitada para fazer o que quiser e para conquistar todos os seus sonhos. Não deixe a fagulha do seu propósito se apagar no seu coração, por mais complicada que a vida pareça, por mais distante que seu objetivo esteja.

E para viver um grande amor... Nutra, primeiro, o amor por si mesma. Aprenda a respeitar-se, a ouvir seus desejos e necessidades. Perdoe seus erros do passado e coloque um ponto final nas histórias que a fizeram sofrer. Só assim, virando a página, é que você consegue começar um novo capítulo.

Você merece um amor de verdade. Alguém que ligue e diga "Estou com saudades" antes que a sua saudade a faça ligar. Alguém que fale "Eu te amo" antes que você precise falar primeiro. Você merece não alguém que lhe dê uma casa, mas alguém que possa abrigá-la nos braços. Não alguém que queira conquistar o mundo, mas que daria a volta ao mundo só para conquistar você todos os dias, se preciso fosse.

Mas não se esqueça de uma coisa: para viver um amor de verdade, você precisa antes reaprender a amar a si mesma.

12

SEMEIE GRATIDÃO EM SEU CORAÇÃO

Não deixe de reconhecer a graça de cada dia

Um dos hábitos mais poderosos que todos precisamos desenvolver é o de cultivar a gratidão.

Certa vez ouvi a história de um caçador que se aventurou pela floresta, acabou indo longe demais e não conseguiu encontrar o caminho de volta. Depois de um tempo, a fome começou a apertar, até que ele finalmente avistou uma macieira. O caçador então encheu sua bolsa com uma dúzia de maçãs e seguiu procurando o caminho de casa.

Quando comeu a primeira maçã, sua alegria era imensurável, ele simplesmente não conseguia parar de se sentir grato e abençoado. Não podia acreditar em sua sorte por ter encontrado aquela macieira. Dobrou os joelhos e agradeceu a Deus.

Ao comer a segunda maçã, não estava mais tão feliz, mas saboreou a fruta com vontade. Quando chegou à quinta maçã, já não pensava que era um sujeito de sorte nem que precisava se sentir grato.

A cada maçã que comia, a saciedade ia aumentando e a alegria, diminuindo. No decorrer da caminhada em busca de uma maneira de sair da floresta, a fome bateu forte outra vez. O caçador pegou a nona maçã e comeu-a sem sentir nenhum tipo de prazer. Quando apanhou a décima maçã, ainda estava com muita fome, mas simplesmente não sentia vontade de comê-la.

Algumas pessoas chamam isso de gratidão decrescente. Em outras palavras, é quando passamos a considerar banal aquilo que já possuímos, mesmo que um dia tenhamos lutado muito para conquistar. A décima maçã tinha o mesmo sabor e a mesma capacidade de satisfazer a fome que a primeira. A única coisa que havia de diferente era a gratidão, que deixara de existir.

Muitas vezes, somos iguais a esse caçador. As maçãs representam os dons e as bênçãos que recebemos de Deus. A décima maçã representa nossa falta de gratidão por essas coisas: "Ah, isso eu já tenho/ já conquistei/ já é meu/ não tem mais graça." Como a décima maçã não é mais novidade, ela perde a importância.

A décima maçã, entretanto, é tão doce quanto a primeira. E se essa maçã não lhe dá tanto prazer quanto a primeira, não há nada de errado com ela. O problema está em você. Quando você fica chateado porque seu dia foi ruim, na verdade o dia não foi ruim: você é que não conseguiu ver o que havia de bom nele.

Esse é um dos motivos por que hoje tantas pessoas são depressivas e não veem sentido em nada. Quanto mais vão vivendo, mais a gratidão e a alegria pelos dons que possuem e pelas bênçãos já recebidas vão diminuindo.

Você não pode encarar como algo comum o fato de ter mais um dia para viver. Não pode aceitar como banal o fato de poder respirar. Não pode entender como uma coisa sem importância o fato de poder andar, enxergar, se alimentar e se levantar dia após dia. Portanto, não pode deixar de se sentir grato por tudo diariamente.

Você não pode encarar como algo comum o fato de ter mais um dia para viver. Não pode aceitar como banal o fato de poder respirar.

Pare de ver o lado ruim da vida

Perceba como a sua maneira de ver as coisas pode mudar de repente. Conheço mães que comemoraram imensamente quando seus filhos nasceram e hoje não têm paciência nenhuma com eles. Conheço gente que foi tomada pela alegria e agradeceu a Deus quando conseguiu um emprego, mas hoje acorda sem ânimo e reclama por ter que ir trabalhar.

Conheço também pessoas que fizeram promessas para se livrar de enfermidades, receberam a graça e hoje reclamam de qualquer simples resfriado.

Amigo, pare de olhar apenas para o que você não tem. Pare de agigantar apenas as coisas que estão "erradas". Nunca permita que o efeito da décima maçã faça com que você esqueça de ser grato pelo dom da vida e pelas bênçãos que Deus já lhe concedeu. Nunca deixe de ter gratidão pela vida. Você não tem que ficar perseguindo momentos extraordinários para encontrar a felicidade. Ela está bem aí na sua frente. Basta apreciar as pequenas coisas e praticar a gratidão.

> Nunca deixe de ter gratidão pela vida. Você não tem que ficar perseguindo momentos extraordinários para encontrar a felicidade. Ela está bem aí na sua frente.

Você é mais abençoado do que imagina. Há pessoas neste mundo que dariam tudo para trocar de lugar com você. Por isso, tire um tempo para agradecer a Deus por sua família, por seus amigos, por sua saúde e pelas oportunidades que Ele lhe deu. Agradeça pelo que Ele já fez em sua vida. Agradeça pelas vitórias do passado. Agradeça por Ele já ter levado você tão longe.

Depois, dê um passo além. Agradeça antecipadamente pelas vitórias que Ele planejou para o seu amanhã. Agradeça pelas novas portas que Ele está abrindo. Agradeça pelas situações que Ele está transformando. Agradeça a Deus pelo favor que Ele tem para o seu futuro. Lembre-se: a gratidão fortalece o coração e o louvor sempre precede a vitória!

13

SEJA ALTRUÍSTA

Não perca a chance de ajudar o próximo sem querer nada em troca

Há algum tempo, vivi uma profunda experiência de fé no trânsito de São Paulo. Eu estava dirigindo por uma grande avenida, andando um pouco em cima da faixa de divisão entre as pistas, quando um motoqueiro passou e chutou o espelho retrovisor do meu carro. Claro que na hora me aborreci, mas deixei para lá.

Quando tentou fazer a mesma coisa com o carro da frente, o rapaz da moto se desequilibrou e caiu. Decidi parar o carro e ver se ele precisava de ajuda. O rapaz até ficou assustado, pois pensou que eu fosse brigar com ele. Mas apenas falei:

– Irmão, você está bem?

– Sim, tudo bem. Tudo bem – respondeu ele, um pouco confuso.

– Poxa, por que você está tão revoltado? Passou chutando todos os espelhos dos carros!

Ele pediu desculpas e explicou que estava muito nervoso porque sua filha estava doente e precisava de um remédio. Ele havia pedido um adiantamento para o patrão, que se recusara a dar. Tocado pela história dele, pedi a receita, fui até a farmácia que ficava bem ao lado e comprei a medicação para a filha do rapaz.

Quando entreguei, ele ficou emocionado, me agradeceu e pediu desculpas novamente. Antes de ir embora, peguei um pedaço de papel, anotei meu nome e telefone e falei:

– Olha, guarde com você. Se precisar de alguma coisa, me ligue.

Quando o rapaz leu meu nome, começou a chorar.

– O que foi, irmão? – perguntei.

Ele contou que tinha acompanhando meu programa de manhã, orado junto comigo e conversado com Deus: "Meu Deus, eu vou pedir o dinheiro do remédio para o meu patrão. Mas se ele não me der, por favor, coloque um anjo no meu caminho para me ajudar." Quando ele me contou isso, quem começou a chorar fui eu. Envolvi o rapaz em um abraço e depois nos despedimos.

Logo na sequência, peguei o celular e fiz um vídeo contando o que havia acontecido e agradecendo a Deus pela oportunidade de ajudar aquele rapaz. O vídeo acabou viralizando nas redes sociais. Na época, recebi convites da produção de dois programas de TV para contar aquela história. Agradeci e recusei os convites educadamente, pois não queria usar um fato assim para causar comoção nas pessoas nem render audiência para ninguém.

O valor do altruísmo

Um amigo me perguntou qual a razão de aquele vídeo ter repercutido tanto. Acho que foi porque hoje em dia está faltando algo chamado *altruísmo*. Altruísmo é o ato de ajudar alguém por bondade, sem esperar receber algo em troca. É o contrário de egoísmo.

O mundo hoje está cheio de pessoas que dizem amar a Deus, mas adoram criticar, julgar o próximo, apontar o dedo e ressaltar as falhas. O que precisamos é ser uma extensão de Cristo em nossa casa, em nosso trabalho, nas ruas e em todos os lugares. É fácil revidar o ódio com ódio, mas meu incentivo é que você aprenda a revidar com compaixão.

O que proponho aqui vai além de ser solidário e estender a mão a quem precisa: é ter *sempre* uma boa atitude. Ser bom de vez em quando é fácil, mas manter uma boa atitude quando alguém faz algo contra você, isso sim é valioso.

É fácil revidar o ódio com ódio, mas meu incentivo é que você aprenda a revidar com compaixão.

O egoísmo é uma característica da natureza humana, e ficar com raiva de quem lhe faz mal é normal. Mas Deus o chamou para ser uma bênção para as pessoas, e você precisa fazer isso de maneira consciente. Não se trata de agir de acordo com o que você sente ou que acha justo. Trata-se de agir como um verdadeiro cristão. Em todos os momentos.

A partir de hoje, eu o encorajo a ser um agente de cura. Fique atento aos sussurros do Espírito Santo e não perca nenhuma oportunidade de se tornar uma bênção na vida de alguém. Se olhar para as pessoas com os olhos do coração, sem julgamentos, você viverá como um ser que cura, levantando os caídos e restaurando os quebrantados.

Ser bom para as pessoas é uma das coisas mais poderosas que você pode fazer. Se você deseja ter uma vida com significado e encontrar o seu propósito, não busque apenas o sucesso. Busque servir aos outros e fazer a diferença na vida dos demais.

Conclusão

VOCÊ NASCEU PARA VOAR

Chegamos ao fim do nosso livro. Durante um curto período, fomos apenas um, eu e você unidos com o objetivo de trazer paz ao seu coração. Se você chegou até aqui, não apenas lendo, mas parando para refletir, compreender e assimilar tudo o que tentei transmitir, não tenho dúvida de que mudanças profundas já começaram a acontecer na sua vida.

Se, ao iniciar a primeira página, você sentia um aperto estranho no peito, acredito que esse incômodo tenha ao menos diminuído. Afinal, agora você já tem consciência de quem você é, do valor que tem e do que realmente é capaz.

Muitas pessoas passam pela vida como meros espectadores, outras como turistas, e há também aquelas consideradas terroristas, que procuram apenas criar caos e confusão. Há ainda as pessoas que lideram, que fazem a diferença, que transformam o mundo em um lugar melhor. E agora você já sabe que é uma delas.

Vou contar uma última história para você entender melhor o que estou querendo dizer.

Certo dia, um ônibus cheio de passageiros seguia viagem. De repente, o tempo mudou e caiu um enorme aguaceiro, uma tempestade com muitos raios. Os passageiros perceberam que os raios caíam cada vez mais próximos ao ônibus. Ressabiado e assustado, o motorista decidiu parar o veículo a cerca de 50 metros de uma árvore.

Então, disse: "Pessoal, parece que neste ônibus há alguém cuja morte é certa. Por causa dessa pessoa, talvez todas as outras também sejam mortas. Então proponho que, uma por uma, cada pessoa vá até aquela árvore, toque no tronco e volte. Aquele que estiver destinado a morrer será atingido por um raio. E, dessa maneira, todos os outros serão salvos."

Todos os passageiros ficaram com muito medo, mas aceitaram a proposta do motorista. A primeira pessoa foi tocar a árvore quase à força. Seu coração pulou de alegria quando nada aconteceu. Em seguida, os outros passageiros foram saindo para tocar na árvore, e todos voltaram vivos e aliviados. Até que chegou o momento em que restava apenas um passageiro.

Todos dentro do coletivo o fitaram de forma acusadora. Após muita relutância, esse último passageiro desceu do ônibus. Pé ante pé, foi caminhando até a árvore. Fechou os olhos, esticou o braço e, quando finalmente tocou a árvore, ouviu um barulho ensurdecedor. Certo de que estava morto, abriu os olhos e imaginou que já estivesse em outro plano.

Mas, ao olhar para trás, qual não foi sua surpresa ao perceber que um raio havia atingido o ônibus, matando na hora todos os passageiros que estavam ali dentro. Só ele havia sobrevivido.

Entende o que aconteceu? Foi por causa da presença daquele último passageiro que, até aquele instante, o ônibus inteiro estava seguro, e os raios não podiam atingi-lo.

O que quero mostrar com essa história é que você é o último passageiro! Você é aquele que Deus ungiu para ser luz neste mundo. E esse é o seu verdadeiro propósito. É algo que sempre esteve em você, mesmo que não tivesse consciência disso. Então, daqui para a frente, comece a reparar em alguns sinais.

Sua presença ilumina o ambiente. Sua voz tem o poder de acalmar. Suas palavras têm o dom de curar. Você capta as coisas no ar. Parece que adivinha quando uma pessoa querida não está bem. Quando o telefone toca, você muitas vezes, mesmo sem ver o número, já sabe quem é. Seus sonhos trazem revelações. Se você chora escondido, não é apenas porque se lembrou de um momento triste, mas porque consegue sentir todas as dores do mundo. E isso é algo que você, com o tempo, aprenderá a desenvolver, a administrar e a usar. Esses sinais são a prova de que você possui um chamado divino.

Ao começar a leitura deste livro, você era como uma borboleta de asas feridas, mas agora está curado. Você tem consciência de que já pode voar e está pronto para cumprir seu destino, tornando-se uma bênção na vida de muitos e despertando outros como você. Quero, neste momento, profetizar sobre o seu futuro com a mesma mensagem que escrevi na epígrafe deste livro:

> As coisas que o olho não viu,
> e o ouvido não ouviu,
> e não subiram ao coração do homem,
> são as que Deus preparou para
> aqueles que o amam.
>
> 1 Coríntios 2:9

Receba essas palavras em seu espírito! Você irá mais longe do que imaginou. Chegará a lugares que nem em seus melhores sonhos foi capaz de sonhar. E um dia, então, iremos nos encontrar.

Quando isso acontecer, haverá magia no ar. Você não me pedirá uma foto ou um autógrafo, mas um abraço. Nos seus olhos existirão lágrimas, mas não serão de dor ou de tristeza, e sim de gratidão.

Depois desse abraço, quando nossos olhares se cruzarem, uma emoção muito forte tomará conta de nós. Você me dirá: "Obrigado por ter me ajudado a encontrar o meu propósito."

E eu apenas responderei: “Eu é que agradeço, pois foi Deus quem o levantou e o trouxe até aqui. Através do seu abraço, eu agora também posso voar.”

CONHEÇA OUTROS TÍTULOS DA EDITORA SEXTANTE

Propósito

Sri Prem Baba

Em *Propósito*, Sri Prem Baba expande o diálogo amoroso a que sempre se propôs, abordando temas que têm a ver com os anseios mais íntimos do ser humano.

Aqui o leitor vai vislumbrar o horizonte de um trajeto precioso que o levará ao interior de si mesmo. Quando chegar ao seu destino, encontrará o Propósito de sua existência. Essa viagem será vigorosa, transformadora e única, mas poderá ser realizada com serenidade.

Por que existimos? Qual é a nossa missão durante esta vida? Sri Prem Baba é um mestre em ensinar o caminho do amor que renova os fundamentos da existência e pode alterar os rumos da vida pessoal e coletiva. O líder humanitário afirma que "não somos uma gota d'água no oceano", pois "o amor nos faz ser o próprio oceano". Também explica que a paisagem interna deverá ser esquadrinhada para que possamos discernir amorosamente qual é o nosso papel no mundo.

O livro está dividido em sete partes. Ao longo das seis primeiras, que tratam do nascimento à transcendência, o leitor encontrará as coordenadas para fazer a própria viagem interior. Na sétima, aprenderá as chaves práticas que vão guiar suas descobertas rumo ao despertar do amor.

As coisas que você só vê quando desacelera

Haemin Sunim

De tempos em tempos, surge um livro que, com sua maneira original de iluminar importantes temas espirituais, se torna um fenômeno tão grande em seu país de origem que acaba chamando a atenção e encantando leitores de todo o mundo.

Escrito pelo mestre zen-budista sul-coreano Haemin Sunim, *As coisas que você só vê quando desacelera* é um desses raros e tão necessários livros para quem deseja tranquilizar os pensamentos e cultivar a calma e a autocompaixão.

Ilustrado com extrema delicadeza, ele nos ajuda a entender nossos relacionamentos, nosso trabalho, nossas aspirações e nossa espiritualidade sob um novo prisma, revelando como a prática da atenção plena pode transformar nosso modo de ser e de lidar com tudo o que fazemos.

Você vai descobrir que a forma como percebemos o mundo é um reflexo do que se passa em nossa mente. Quando nossa mente está alegre e compassiva, o mundo também está. Quando ela está repleta de pensamentos negativos, o mundo parece sombrio. E quando nossa mente descansa, o mundo faz o mesmo.